공부가 되는 공부

공부가 되는 공부

:공부스타 21명이 밝힌 자기주도학습의 비밀:

(만점 공부법 특별판)

글 | 정철희
2013년 2월 2일 1판 1쇄 인쇄
2013년 2월 12일 1판 1쇄 발행

이 책을 만든 사람들
책임 기획 | 김경아

이 책을 함께 만든 사람들
디자인 | 김효정 님
교정 | 안종군 님
종이 | 제이피씨 정동수 님
제작 및 인쇄 | 다오기획 김대식 님

펴낸이 | 김경아
펴낸곳 | 행복한나무
출판등록 | 2007년 3월 7일. 제 2007-5호

주소 | 서울시 마포구 서교동 394-25 동양트레벨 1303호
전화 | 02) 322-3856
팩스 | 02) 322-3857
홈페이지 | www.ihappytree.com
문의(출판사 e-mail) | book@ihappytree.com
문의(지은이 e-mail) | jwcch@naver.com
※ 이 책을 읽다가 궁금한 점이 있을 때는 지은이 e-mail을 이용해주세요.

ISBN 978-89-93460-40-7
행복한나무 도서번호 : 051

::[만점 공부법®]은 '행복한나무' 출판사의 초·중·고 학습법 브랜드입니다.
::[공부가 되는 공부]는 [공부스타 21명이 밝힌 자기주도학습의 비밀 21]의 개정판입니다.

공부스타 21명이 밝힌 자기주도학습의 비밀

정철희 지음

행복한나무

프/롤/로/그

3주 후, 진짜 공부가 시작된다

99.8% 사교육 시대. 아이들은 오늘도 어김없이 학원으로 향한다. '스스로'라는 개념이 없는 학원. 그곳에서 아이들의 꿈은 커져 가고 있을까? 미래를 살아갈 힘, 스스로 학습할 수 있는 힘을 키우고 있을까? 눈앞의 성적만을 좇아가고 있는 것은 아닐까?

"시험 성적에 연연하지 않으려고 노력하지만 시험 날이 다가오면 저도 모르게 '시험을 잘 치면 네가 원하는 것을 사줄게'라는 말을 해버려요. 저희 애한테는 어느 정도 통하거든요. '평균 97점 이상이면 스마트폰 사줄게'라고 했더니 정확하게 97점을 받아왔더라구요." 이것이 바로 대한민국 엄마들의 현실이다.

최초의 자기주도학습 2.0 버전

여기 두 갈래의 길이 있다. 한쪽 길은 대부분의 아이들이 선택한, 쉬운 길이다. 학원 선생님이 알아서 다 해준다. 갈수록 의타심이 커진다. 또 다른 쪽 길은 소수의 아이들만이 선택한, 어려운 길이다. 스스로 문제를 해결해 나가야 한다. 갈수록 스스로의 힘이 커진다. 지금 어느 쪽 길로 가고 있는가? 선택은 운명과의 연결고리다.

이 책은 두 갈래 길에서 자기주도적인 학습 능력을 키우는 유일한 길, 원하는 대학을 내 마음대로 선택해서 갈 수 있는 길, 큰 꿈을 이룰 수 있는 길을 향해 걸어 갈 수 있도록 안내하는 내비게이션이 되어줄 것이다. 지금까지의 학습서들이 주로 공부법이라는 좁은 세계에 대한 이야기에 국한되었다면, 이 책은 좁은 세계를 뛰어넘어 큰 꿈을 이루는 넓은 세계에 대한 솔루션을 성공 사례 보고를 통해 명쾌하게 제시하는 최초의 자기주도학습 2.0 버전이다.

넓은 시야로 세상을 바라보는 능력을 키워라

스티브 잡스가 한국에서 살았다면 아이폰이나 아이패드가 나올 수 있었을까? 스티브 잡스의 창의성은 선행 학습이나 사교육이 아닌 다른 것을 경험하고, 아버지가 자동차를 수리하며 들려준 이야기들에서 비롯된 것이다. 세계는 글로벌 인재를 키우기 위해 교육 개혁에 박차를 가하고 있다. 글로벌 인재란, 세계에서 벌어지는 다양한 현상들을 넓은 관점에서 바라볼 수 있는 글로벌한 마인드를 가진 사람을 말한다.

그렇다면 어떤 기준을 충족시켜야 글로벌 인재가 될 수 있을까? 이 책은 자기주도적으로 사고하고, 스스로 문제를 분석해 해답을 찾아 낼 수 있는 스킬을 알려준다. 글로벌 인재의 필수 조건은 스스로 학습할 수 있는 스킬, 우물 밖 글로벌 스킬을 익히는 것이다. 여기서 스킬이란, 아이들끼리 생각하고, 서로 토론하여 나름대로의 답을 찾아 내게 만드는 것을 말한다. 아이들이 무엇을 배울 것인지에 초점을 맞추는 대신 아이들이 지향해야 할 방향, 비판적 사고, 국내 환경을 넘어 넓은 시야로 세상을 바라보는 능력 등에 대해서도 관심을 기울여야 한다.

공부스타 21명의 자기주도학습 성공 사례 보고서

이 책은 공부스타 21명의 자기주도학습 성공 사례 보고서이다. 최고가 되려면 최고의 전략을 알아야 한다. 최상위 0.1%가 되고 싶다면 그들을 벤치마킹하면 된다. 최상위 0.1%에 속하는 아이들의 내신 만점 비법은 과연 무엇일까? 그리고 꿈을 이룬 0.1%들의 비밀은 무엇일까? 이 책에 등장하는 대부분의 공부스타들은 조선일보 교육 섹션 '맛있는 공부'에 소개된 학생들이다. 공부를 잘하고 싶은 수많은 학생들에게 롤모델이 된, 공부스타 한명 한명에게 진심으로 감사드린다. 필자는 조선일보 교육법인 조선에듀케이션 대표 강의교수로 활동하면서 자기주도학습 지도사 양성, 멘토링 캠프, 브런치 에듀 등 다양한 프로젝트를 진행해 왔다. 최상위 0.1%에 속하는 800명의 아이들에게 공부를 하는 데 있어서 가장 중요한 것은 무엇이라고 생각하는지를 물었더니 첫째는 부단한 노력, 둘째는 목표 의식, 셋째는 공부하는 습관을 꼽았다.

이 책의 핵심 전략은 '자기주도학습 습관들이기'이다. 이 책은 '자기주도학습 습관을 들이려면 어떻게 해야 할까?'를 고민하는 학생, 학부모, 그리고 교사들을 위한 진정한 가이드북이 될 것이다. 자기주도학습 습관들이기의 대원칙은 "매일, 조금씩, 일정한 시간에, 일정한 장소에서, 일정한 분량을 꾸준히 실천해 나가라."는 것이다. 매일 같은 시간 공부하면 생활 리듬이 형성되기 때문에 이해력과 집중력이 높아진다.

무엇이든 21일 동안 계속하면 습관이 된다

대부분의 아이들은 공부 습관을 바꾸는 과정에서 당연히 나타나기 마련인 스트레스와 고통을 잠깐 경험하고는 불과 며칠 만에 새로운 공부 습관을 만들려는 노력을 포기하고 만다. 그래서 작심삼일이라고 한다. 그러나 그것도 일곱 번만 하면 21일이 된다. 우리 뇌는 충분히 반복되어 시냅스가 형성되지 않은 것에는 저항을 일으킨다. 그러므로 좋은 습관이 몸에 밸 때까지는 21일간 의식적으로 노력을 기울여야 한다. 사람의 생체 시계가 교정되는 데는 21일이 소요되기 때문이다.

21일은 생각이 대뇌피질에서 뇌간까지 내려가는 데 걸리는 최소한의 시간으로, 생각이 뇌간까지 내려가면 그때부터는 심장이 시키지 않아도 뛰는 것처럼, 의식하지 않아도 습관적으로 행하게 된다. 분명히 말할 수 있는 것은 21일간 무엇인가를 지속하면 틀림없이 집중해서 공부하는 습관이 만들어진다는 것이다.

꿈이 있으면 힘들어 하지 않는다

가지 않으려는 말을 억지로 물가로 끌고 가서 물을 먹이기는 참으로 어렵다. 그러나 목이 타는 말은 내버려 두어도 물가를 찾는다. 마찬가지로 아이가 하기 싫어하는 공부를 억지로 시키려는 것은 밑 빠진 독에 물을 붓는 것과 같다. 아이가 스스로 알아서 하게 하려면 아이 스스로 정한 꿈, 매력적인 목적지를 향해 나아가게 해야 한다. 사람이 꿈이 있으면 지금 아무리 힘들어도 그리 힘들어 하지 않는다. 꿈을 향해 가고 있기 때문이다.

'비록 이룰 수 없는 꿈이라도, 이길 수 없는 싸움일지라도, 꿈과 희망을 포기하지 않는 삶이야말로 그렇지 못한 삶보다 훨씬 가치 있는 것'이다.

지은이 정철희

차/례

3부 공부가 되는 자기주도학습 전략

4부 공부가 되는 자기관리와 계획의 원칙

공부

꿈

미래 왜?

0부

아직도 사교육에 기대고 있는가?

1 사교육 제로 지대, 섬마을 작은 학교의 기적

2010년 대학입시에서 전교생이 고려대, 인하대 등 주요 대학에 합격한 교동고

강화도 북쪽에 위치한 작은 섬마을 교동도. 그런데 이곳에 있는 교동고에 기적이 일어났다. 2010학년도 대학입시에서 3학년생 25명 전원이 고려대, 인하대, 국민대, 건국대, 명지대 등 주요 대학에 합격한 것이다. 사교육을 받지 않고 대학에 전원 합격한 것도 놀라운 일이지만 모두 하나같이 어려운 가정환경 속에서 공부를 했다는 것은 더욱 놀라운 일이었다. 이 학생들에게는 과외는 고사하고 변변한 참고서조차 없었다. 섬마을 작은 학교의 기적을 불러온 동력은 과연 무엇일까?

교육 환경을 바꾸다

"학생들을 왜 이런 환경 속에 방치해 두었을까 싶을 정도로 환경이 열악했습니다. 제가 부임한 후 가장 먼저 커튼을 새로 달고 사물함을 교체해 교실 분위기를 바꾸었지요. 그리고 개인 독서대를 갖춘 면학실을 마련해 모든 학생들이 자유롭게 이용할 수 있도록 했고요. 또 학교 주변 숲길에 가로등을 설치해 하굣길을 밝게 만들었죠. 저는 교육을 '희망을 주는 것'이라고 생각합니다. 교사들이 정성껏 가르치면 학생들의 잠재 능력이 발휘될 것이라고 생각했습니다. 모든 학생에게 희열을 맛보게 해주고 싶었습니다." 교동고 교장선생님의 말씀이다.

교동고는 점심 식사는 물론 저녁 식사도 학교 급식으로 전환해 '학교 프렌들리'를 유도했으며, 대중교통이 없어서 학부모들이 일일이 데려다줘야 하는 불편을 없애기 위해 통학 버스도 두 대나 마련했다.

자신감을 일깨우다

학생들의 변화는 전국 일본어 연극 대회에 참가해 예상 밖의 큰 상을 받았다. 그러자 아이들 사이에서 놀라운 기운이 감지되기 시작했다.

" '어쩌면 저렇게 달라질 수 있을까?' 싶을 정도로 수업 태도가 180도 달라지기 시작했습니다." 교동고 선생님의 말씀이다.

" '우리도 하면 할 수 있구나'라는 생각을 했어요. 해보니까, 한번 도전해 보니까 된다는 것을 알았어요." 교동고 학생의 말이다.

한번 시작된 변화는 빠르게 긍정적인 파장을 만들어 갔다. 학생들은 학교생활에 점차 흥미를 느끼기 시작했고, 성적이 오르면서 공부에 대한 자신감도 커져 갔다. 각종 대회에 참가해 상을 받는 일이 늘어나면서 대외 활동에도 적극적으로 임했다. 성취가 주는 가장 달콤한 선물은 무엇이든 할 수 있다는 자신감을 얻을 수 있다는 것이다.

맞춤형 교육을 하다

"아이들에게 미래의 중장기 계획을 세워 보라고 했어요. 목표를 먼저 설정해 놓고, 목표에 도달할 수 있도록 단계적으로 교육한 것이 효과가 있었던 것 같아요."

아이들의 변화를 감지하고, 이를 끌어올린 것은 바로 교사들이었다. 정규 수업 후 3시간씩 운영하는 방과 후 수업 가운데 1시간은 실력에 따라 반을 나누는 무학년제로 운영해 학생 간 격차를 줄여 나갔다. 여기에 교사들의 적극적인 개인 지도까지 더해져 학습 효과를 높였다. 학생들이 수업을 마치고 작성한 '핵심 노트'에 교사들이 일일이 댓글을 달아주기도 했다.

멘토의 한마디

스스로 자신의 미래를 위해 공부하는 아이는 누가 시키지 않아도 스스로 공부한다. 교육의 목적은 '스스로 배우는 인간을 키워내는 것'이며, 교사의 사명은 '아이들 스스로가 무엇을, 왜 배우는지 설명 할 수 있도록 이끌어 주는 것'이다.

2 학원, 그곳에서 어떤 꿈을 꿀 수 있을까?

학원 중독? 과감히 학원을 탈출하라

"중학교에 입학할 무렵, 대부분의 친구들이 학원을 다녔기 때문에 '나도 학원에 안 다니면 다른 애들보다 성적이 떨어지겠지'라는 생각이 들어서 학원에 다니기 시작했어요. 그런데 학원에서는 이해가 되지 않았는데도 선생님께서 무조건 진도를 빨리 나가셨어요. 학원 수업을 듣기만 했을 뿐, 자신의 것으로 소화시킬 시간이 부족했지요. 그래서 약 2년간 시간을 낭비한 뒤 학원을 끊고 나만의 공부 시간을 갖기로 했어요."

_어느 중학생의 말

사교육 기간이 길수록 명문대에 못 간다

부모들에게 있어서 학원은 일종의 '종교'와 같다. 학원에 가면 원하는 것, 즉 '성적 향상'과 '명문대 합격'을 얻을 수 있을 것이라고 믿는다. 학원이 정말 성적을 오르게 해주는 곳일까? 학원이 정말 스스로 공부하게 만들어주는 곳일까? 최근 사교육의 효과에 대한 기존의 상식을 뒤엎는 연구 결과가 발표되었다. 국책연구원인 한국개발연구원이 '사교육으로 인한 성적 향상 효과는 학년이 올라갈수록 줄어든다.'는 연구 결과를 내놓은 것이다. 고3 때는 자기주도학습 시간이 길수록 수능 점수가 높은 것으로 나타났다. 한마디로 사교육 기간이 길수록 명문대에 가지 못한다는 이야기다. 그런데도 왜 사교육을 받고 있는 것일까?

공부를 못하는 아이들은 공부를 잘하기 위해서 가고, 공부를 잘하는 아이들은 성적을 유지하기 위해서 가고, 그 밖의 아이들은 그냥 남들 가니까 간다. 아이들은 결국 12년 동안 학원을 맴돈다. 한 아이에게 "도대체 학원에 가는 이유가 뭐야? 공부하지 않을 거라면 학원에 다닐 이유가 없잖아. 시간도 버리고, 돈도 버리고 도대체 학원에 가는 이유가 뭐야?"라고 물으니 "부모님과 싸우기 싫어서요."라고 대답한다.

부모님의 강요 또는 성적이 오를 것이라는 막연한 기대감 때문에 학원에 다닌다거나 남들이 모두 가니까 어쩔 수 없이 다니는 것이라면 오랫동안 학원을 다닌다고 하더라도 효과를 보기는 어렵다. 따라서 시간과 돈의 투자에 대한 효용 가치를 따져보고 학원을 전략적으로 활용하는 것이 바람직하다. 사교육의 근본적인 목적은 자신의 모자라는 실력을 보충하기 위해서다. 따라서 스스로 어떤 부분이 부족한지 정확히 분석해야 한다.

부모라면 아이가 무슨 생각을 하고, 무엇을 원하고 있는지에 귀를 기울여야 한다. 부모의 욕심을 사랑으로 포장해 아이의 미래를 빼앗고 있는 것은 아닌지 곰곰이 생각해보아야 한다.

멘토의 한마디

공부는 스스로 하는 것이므로 부모가 떠밀어서도, 학원에서 억지로 떠먹여 주어도 안 되는 것이다.

전략은 학원 더하기가 아니라 학원 빼기다

"완벽함이란 더 이상 보탤 것이 남아 있지 않을 때가 아니라 더 이상 뺄 것이 없을 때 완성된다." ≪어린왕자≫라는 작품으로 유명한 생텍쥐페리의 말이다. 이제부터 부모가 해야 할 중요한 전략은 자녀와 협상 테이블에 앉아 '학원 가지치기'를 시작하는 것이다. 빠를수록 좋다. 스스로라는 개념이 없는 학원 수강, 즉 국·영·수·사·과 패키지 강의 코스를 수강하는 것은 무조건 피해야 한다. 가장 좋은 공부법은 현재의 내 수준에서 학습을 재조직해 나가는 것이다. 공부를 하다가 취약한 부분이 있으면 인터넷 강의 등을 활용하면 된다. 그럼에도 불구하고 내용을 이해하기 어렵다면 그 부분에 한해서 사교육을 한시적으로 활용할 수는 있다. 이때 주의할 점은 학원을 약처럼 활용해야 한다는 것이다. 약은 아무 때나 먹으면 독이 되지만, 아플 때 먹으면 치료가 되기 때문이다. 학원이 약이 되게 하려면 부모가 학원에 어느 정도 의지하는지부터 파악하는 것이 중요하다.

______ 학원, 그곳에서 아이들은 어떤 꿈을 꿀 수 있을까

오늘도 어김없이 아이들은 학원으로 향한다. 아이들은 그곳에서 무엇을 찾을 수 있을까? 공부하는 방법을 배울 수 있을까?

여기 두 갈래 길이 있다. 오른쪽은 대다수가 가는 쉬운 길이다. 학원 선생님이 알아서 다 해준다. 시간이 지날수록 의타심이 커진다.

왼쪽은 아무도 가려 하지 않은 어려운 길이다. 자기주도적으로 문제를 해결해 나가야 한다. 시간이 지날수록 스스로 미래를 살아갈 힘이 커진다.

나는 어떤 선택을 할 것인가? 학원과 자기주도학습, 어느 쪽 길을 선택하느냐에 따라 인생이 달라진다.

세 자녀 모두 학원을 전혀 다니고 있지 않지만 성적은 상위권인 한 학부모는 이렇게 말했다. "어렸을 때부터 자기 일이나 공부는 스스로 해야 한다는 책임감을 갖도록 한 것이 학원에 다니지 않고도 공부를 잘할 수 있게 만든 것 같다. 아이들의 성적이 떨어질 때도 있었지만, 다른 친구들과 비교하지는 않았다. 본인이 세운 목표에 도달했는지의 여부가 중요할 뿐이다."

다음은 어느 설문 조사에서 초등학생이 답한 것이다.

문 어린이날 가장 하고 싶은 것은?

답 공부하지 않기

문 부모님은 내가 무엇을 했을 때 가장 화를 내나요?

답 공부를 못할 때

문 가장 기쁠 때는 언제인가요?

답 학원 숙제가 없고, 시험에서 올백 맞았을 때

문 가장 화가 날 때는 언제인가요?

답 열심히 공부하고 있는데, 열심히 하라고 할 때

아이가 눈앞의 성적만 허덕이며 따라가게 할 것인가? 아니면 아이 스스로 학습하는 능력을 키워 미래에 대비하도록 할 것인가? 부모로서 나는 어떤 선택을 할 것인지 자문해보아야 한다. 대한민국에서 아이가 성공하는 유일한 길은 엄마를 잘 만나는 것이다.

나의 1주일 사교육 시간 분석표

요일	수강 과목	학원 오가는 시간	수강 시간	학원 숙제 시간
월				
화				
수				
목				
금				
토				
일				

하루에 자기 스스로 공부하는 시간은 얼마나 되는가?

나의 1주일 사교육 시간 분석 결과, 알게된 사실은?

이제 무엇을 바꿀 것인가?

3 꿈을 이루려면 사교육에 대한 맹신을 버려라

99.8%가 태어나면서 사교육을 받고 있는 강남과 분당

"혼자서는 불안해서 공부를 못해요. 어렸을 때부터 모든 것을 학원에서 배웠기 때문에 학원을 떠나서는 아무것도 할 수 없어요. 친구들이 모두 학원 수강을 하고 있기 때문에 저도 학원에서 보충을 받아야만 안심이 되거든요. 학원에서는 예습, 복습뿐만 아니라 숙제까지 도와주기 때문에 집에서 혼자 하려고 하면 막막해요."

주요 과목은 물론 선택 과목도 모두 학원에서 배운다는 고3 학생의 말이다. 학원 중독증에 걸린 아이들의 하교 후 일과는 학원에서 시작되고, 학원에서 끝난다.

99.8%, 사교육 시대

요즘 강남과 분당에서는 아이가 태어나면서부터 사교육이 시작된다. 지난해 한국교육개발원과 통계청이 사교육 실태를 조사한 결과, 취학 전 유아의 99.8%가 사교육을 받고 있는 것으로 밝혀졌다.

어느 학부모는 "현대 사회가 경쟁이 치열하다 보니 혹시 우리 아이가 다른 아이보다 뒤처지지 않을까 하는 불안 심리가 작용하여 사교육 연령이 점점 더 낮아지는 것 같다."라고 말한다. 그래서 아이들은 유치원부터 고등학교 졸업 때까지, 아니 대학교에 입학한 후에도 학원에 다닌다. 학원 중독이라 해도 과언이 아니다. 가장 큰 문제는 학원 중독에 걸린 아이들은 혼자 공부하는 법을 모른다는 것이다. 그러다 보니 대학에 입학한 후에도 학원에 다닌다. 학원 의존적인 학습에 오랫동안 길들여져 온 결과, 도서관에서 책과 씨름하며 스스로 탐구하는 능력을 기르지 못한 것이다. 어느 전자공학과 학생은 "수학·과학 공부를 위해 학원에 등록했다. 다른 사람의 도움 없이 혼자 공부하기가 낯설고 힘들다. 내 주위에는 등록금보다 많은 돈을 학원비로 지출하는 학생도 있다."라고 말한다.

학원은 내 생활의 일부다

민수라는 학생은 "지금은 방학이라서 국어가 30만 원, 영어가 50

만 원, 과학이 40만 원, 그리고 수학이 50만 원이고요. 합치면 대충 200만 원 정도 될 거예요. 솔직히 제가 지금 너무 많은 학원에 다닌다고 생각하는데요. 이렇게 해야 만족이 되고, 내가 무엇인가를 했다는 생각이 들어요. 초등학교 때부터 학교가 끝나면 학원에 가는 것이 습관이 돼서 학원에 가지 않는 것이 오히려 이상하고……. 그래서 그런지 자기주도학습이 무엇인지 모르겠어요. 자기가 노력해야 성적이 나온다는 것을 알고 있는데, 스스로 고치지 못해요."라고 말한다. 민수에게 학원에 다니는 일은 마치 밥을 먹는 것처럼 익숙하다.

학원 중독증이란 학원 공부에 지나치게 의존하여 혼자서는 제대로 공부할 수 없는 상태를 말한다. 한마디로 '스스로 문제를 해결할 수 있는 능력을 상실한 상태'를 말한다. 학원 중독증에 걸린 아이들은 학원에 가지 않으면 불안하고, 막상 학원에 가도 강의에 집중하지 못한다. 결국 학원 중독에 빠지면 스스로 공부하는 능력이 떨어지고, 학교 수업에도 소홀해지게 된다.

학교에서는 잠자고, 학원에서는 공부하는 아이들

어느 학생은 "학원 수업은 일단 확실하잖아요. 학원 수업에 익숙해지니까 학교에서는 공부를 안 하게 돼요."라고 말한다. 학원 중독증에 걸린 아이들에게는 세 가지 문화가 있다. 첫째, 학교는 학원 생활에 지친 몸을 쉬는 곳이자, 학원에서 다하지 못한 공부를 보충하는 곳이다. 둘째, 학원은 학교와 마찬가지로 교사가 있고, 수업을 하고, 매일 숙제가 주어지는 또 다른 학교다. 따라서 학원에서 학습 관리를 받으며 진짜 공부(?)를 한다. 셋째, 성적 향상이나 진학 문제를 해결하기 위해서는 다른 일상생활들을 포기하고 학원에 맞추어 살아야 한다.

한국교육개발원이 중·고등학생과 학부모, 교사 7,000여 명을 상대로 학원 교육의 문제점이 무엇인지를 묻자 "시간을 빼앗겨 다른 활동을 할 여유가 없다."(53.4%), "혼자 공부하는 능력이 떨어진다."(42.8%), "학교 수업에 소홀해진다."(39.9%)라고 응답했다. 하지만 이러한 부작용이 있음에도 불구하고 학생과 학부모는 물론 교사들도 학원 공부가 학교 성적이나 입시에 효과가 있다고 생각하며 기를 쓰고 학원에 보내고 있는 것이 현실이다.

아이들이 제일 무서워하는 말은? '학원 끊겠다'

쉽게 빠져들면서도 자각 증세가 거의 없는 것이 바로 '학원 중독'이다. 부모는 아이 성적이 떨어질까 불안해서 아이를 학원에 보내지만 아이가 일단 학원에 다니기 시작하면 쉽게 끊을 수 없고, 학원에 다니지 않는다는 생각만 해도 불안하고 초조해진다. 학원 중독은 부모로부터 학원에 다니는 아이에게 전이되어 아이 역시 학원에 가지 않는 상황을 못 견디고, 스스로 가만히 있는 시간 또는 자유롭게 무엇인가를 할 수 있는 시간을 오히려 불편하게 여기는 상황에 이르게 된다.

학원을 다니지 않으면 공부가 잘 안 된다는 어떤 학생은 "학원을 1주일만 안 가면 성적이 떨어질까 불안해서 살 수가 없어요."라고 말하고, 어떤 학부모는 "요즘은 엄마들이 학원에 가라고 등을 떠밀지 않아요. 오히려 아이들이 ○○학원에 보내 달라고 먼저 요청하지요. 요즘 아이들이 제일 무서워하는 말이 '학원 끊겠다'라는 말이라잖아요."라고 말한다. 이처럼 학원 중독증은 아이의 성적을 걱정하는 학부모의 문제가 아니라 아이들의 문제가 되어 버렸다.

세상의 모든 중독이 불안에서 비롯되듯이 학원 중독도 불안에서 비롯된다. 전문가들은 "학원 중독의 후유증은 다른 어떤 중독보다도 심각하다."라고 말한다. 학원 중독에 빠지면 학생들은 정서 장애, 학부모들은 강박 장애에 시달리게 된다. 또 무기력해지고 매사에 의욕이 없으며, 불안해하거나 우울증 증상을 보이기도 하며, 먹는 것에 집착하거나 충동적, 공격적인 행동을 보이기도 한다.

서울대 서유헌 교수는 "뇌의 신경 전달 물질인 도파민의 흐름을 자극해 계속해서 무엇인가를 탐닉하고, 그것이 없으면 불안과 초조의 과정이 반복된다는 점에서 학원 중독은 일정 부분 약물 중독이나 인터넷 게임 중독 등과 궤를 같이 한다."라고 말한다. 혹시 학원을 끊는다고 말하면 아이들이 이러한 증상을 보이지는 않는지 부모와 학생 모두 체크해보아야 할 것이다.

학원을 오래 다녀도 공부하는 방법을 모르겠다

아이들이 호소하는 가장 큰 어려움은 학원을 오래 다녀도 공부하는 방법을 모르겠다는 것이다. 사교육을 일찍부터 받은 학생들이 더 걱정이 많다. 사교육이 일시적인 성적 향상에는 도움이 될지 모르지만 장기적으로는 스스로 공부하는 습관을 기르는 데 걸림돌이 된다. 어떤 학생은 "성적이 오르기는 했지만, 학원에 의존하게 되어 자기주도학습 능력이 다른 친구들보다 떨어지는 것 같다."라고 말한다. 사교육이 불러온 문제점 중의 하나는 혼자서 정리하고 복습하는 기회를 갖지 못한다는 것이다. 그저 주는 대로 받아먹는 데 익숙해져서 스스로 사고하고 문제를 해결하는 능력을 키울 수 없는 것이다. 한마디로 제대로 된 학습을 하지 못한다는 것이다. 학습을 한자말로 풀어 보면 배울 '학(學)', 익힐 '습(習)'이다. 배울 시간은 많은데, 익힐 시간이 없는 것이다. 스스로 익힐 수 있는 시간도, 환경도 없는 가운데에서 무엇인가를 배우기만 하는 데는 한계가 있다. 결론적으로 말하면 '스스로'라는 개념이 없는 사교육은 '아이들의 생각을 빼앗는 행위'라고 할 수 있다. 원하는 지식, 필요한 지식을 그때그때 주입시켜주기 때문에 아이 스스로 사고할 시간, 고민할 시간을 빼앗는 것이다.

tip. 학원 중독증을 의심해보아야 할 5가지, 나도 혹시 학원 중독?

- □ **1.** 학원에 다니느라 하루 종일 시간 여유가 없다.
- □ **2.** 혼자서는 어떻게 공부해야 하는지 모르겠다.
- □ **3.** 학원에 다니지 않으면 마음이 불안하다.
- □ **4.** 학교 수업 시간에 집중하지 못한다.
- □ **5.** 응용 문제가 나오면 자신이 없어진다.

4 학원을 탈출하고 꿈꾸는 아이가 되다

학원을 끊고 능동적으로 바뀐 규리

처음에는 규리(초3) 엄마도 다른 아이의 엄마들처럼 아무 생각 없이 아이를 학원에 보냈다. 그러던 어느 날 '이러다가는 오히려 아이를 망칠 수 있겠다'라는 생각을 하게 되었다. 결국 규리에게 가장 중요한 것은 건강과 충분한 놀이 시간이라는 결론을 내렸다. 그리고 학원을 끊어야겠다는 결심을 했다. 하지만 '우리 아이만 뒤처지는 것은 아닐까?'하는 생각 때문에 불안했다.

아이는 영어학원에만 가면 머리가 아프다고 호소했다. 수학학원은 무조건 진도만 나가서 다니기 싫다고 했다. 과학학원은 실험을 별로 하지 않아 재미가 없다고 했다. 여느 엄마들과는 달리 규리 엄마는 아이의 의견을 존중해 학원을 과감히 끊었다.

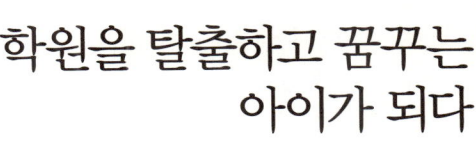

아이에게 놀 시간이 많이 생겼다

학원을 정리하고 나니, 아이에게 시간이 많이 생겼다. 규리는 학교 수업이 끝나면 친구들과 놀기에 바쁘다. 시간이 맞는 친구들과 놀이터에서 그네를 타거나, 친구를 집으로 초대해 함께 컴퓨터 게임을 하거나, DVD를 보며 수다를 떨기도 하고, 엄마와 함께 동네 도서관에 가서 책을 보기도 하고, 대형마트에서 함께 장을 보기도 한다. 규리가 학원에 다닐 때는 학원 숙제 때문에 자연히 엄마의 잔소리도 많았는데, 이제는 잔소리를 할 필요가 없어졌다. 엄마의 잔소리와 간섭이 사라지면서 차츰 규리도 자기 할 일은 스스로 알아서 하는 능동적인 아이로 변했다. 놀 때는 놀고, 숙제할 때는 집중해서 숙제를 하는 시간 조절 능력이 생긴 것이다. 엄마가 그렇게 걱정하던 수학도 혼자 공부하는 습관이 들어 하루에 몇 페이지씩 스스로 문제지를 푼다.

규리가 학원을 끊고 난 후에 일어난 가장 놀라운 변화는 동화를 쓰기 시작했다는 것이다. 글쓰기 시간이 늘어나면서 '작가'라는 장래 희망도 생기게 되었다. A4 용지에 글을 쓰고 정성껏 그림을 그려 만든 동화책이 벌써 100권이 넘는다. 규리 엄마는 아이들 혼자 놔두어도 스스로 충분히 성장하면서 앞으로 나아가는 힘이 있다는 것을 믿게 되었다. 아이를 믿게 되니 지금 당장 남보다 조금 뒤떨어진다고 해서 조바심이 나거나 불안하지 않게 되었다. 오히려 규리 스스로 하고 싶은 것을 하게 하면서 아이의 잠재력과 재능을 발견할 수 있게 되었다.

지나친 사랑이 아이를 망친다

아주 오래 전 중국에 나무를 잘 기르는 이가 있었다. 성은 '곽', 이름은 '탁타'이다. 그의 이름은 등이 낙타처럼 굽었다고하여 붙여졌다고 한다. 그는 나무 심기의 달인이었다. 장안의 모든 권력자와 부자들이 관상수를 돌보게 하거나, 과수원을 경영하는 사람들이 과수를 돌봐 달라고 부탁하기 위해 앞다투어 몰려들었다.

탁타가 심은 나무는 옮겨 심더라도 죽는 법이 없을 뿐만 아니라 열매도 일찍, 많이 열렸다. 다른 이들이 그 비법을 훔치려고 온갖 노력을 기울였지만 도무지 알아 낼 수가 없었다. 그들이 탁타에게 비결을 알려 달라고 사정하자 그는 이렇게 대답했다. "나는 나무를 오래 살게 하거나 열매가 많이 열리게 할 능력이 없다. 나무의 본성이 잘 발휘되게 할 뿐이다. 무릇 나무의 본성이란 그 뿌리는 펴지기를 원하고, 평평하게 흙을 북돋아주기를 원하며, 원래의 흙을 원하고, 단단하게 다져주기를 원하는 것이다. 일단 그렇게 심고 난 후에는 움직이지도 말고 염려하지도 말아야 한다. 심기는 자식처럼 하고, 두기는 버린 듯이 해야 한다. 그렇게 해야 나무의 본성이 온전해지고, 비로소 그 본성을 얻게 되는 것이다.

대부분의 사람들은 그렇지 않다. 뿌리는 접히게 하고, 흙은 바꾼다. 흙 북돋우기도 지나치거나 모자라게 한다. 비록 이렇게 하지는 않는다고 하더라도 사랑이 지나치고 근심이 심하여, 아침에 와서 보고는 저녁에 와서 또 만지는가 하면, 갔다가는 다시 돌아와서 살핀다. 심한 사람은 손톱으로 껍질을 찍어보아 살았는지 죽었는지 조사하는가 하면, 뿌리를 흔들어 보아 잘 다져졌는지를 확인해보기도 한다. 이렇게 하는 사이에 나무는 차츰 본성을 잃게 되는 것이다. 비록 사랑해서 하는 일이지만 그것은 나무를 해치는 일이며, 비록 나무를 염려해서 하는 일이지만 그것은 나무를 원수로 대하는 것이다. 나는 그렇게 하지 않을 뿐이다. 달리 내가 무엇을 할 수 있겠는가?"

_당송팔대가의 한 사람인 유종원의 '나무 잘 기르는 사람' 이야기 중에서

아이를 키우는 것은 나무를 키우는 것과 같다. 사랑에도 기술이 필요하다. 자식을 과잉 보호한 나머지 자식이 세상의 역경을 헤쳐 나갈 수 없게 만든다거나 방임한 나머지 키도 없이 바다에 던져진 배처럼 인생의 해안가에서 오도 가도 못하게 만들어서는 안 된다. 부모가 아이를 양극단으로 흐르지 않도록 조절하면 아이들은 커가면서 자신의 삶을 최선의 방향으로 이끌어 간다. 곽탁타의 지혜가 큰 울림을 주는 이유는 바로 이 때문이다.

멘토의 한마디

내 아이의 문제를 생각하고 내 아이가 어떤 아이인지를 생각하기 전에 나는 어떤 부모인지를 살피는 것이 먼저이다. 아이가 문제 행동을 일으켰을 때 가장 먼저 살피는 것이 부모의 양육 방식이다. 나 자신은 어떤 부모인지, 혹 아이에게 해가 되는 양육 방식을 가지고 있지는 않은지 점검해보자.

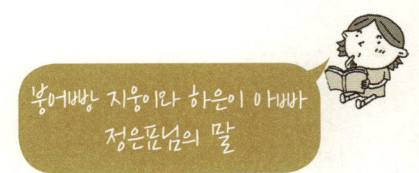

붕어빵 지웅이와 하은이 아빠
정은표님의 말

이 책에 나오는 21명이 대한민국 아이들의 미래

'영재 비법 2'에 출연하기도 하고 책을 쓰기도 했지만, 자녀교육이라는 것이 아직도 저에게는 어려운 숙제라는 것을 부인할 수 없습니다. 많은 부모님들이 아이 스스로 알아서 척척 해주기를 바라지만, 제 경험에 의하면 그것은 부모의 끊임없는 인내와 믿음이 바탕이 되어야 합니다. 지웅이와 하은이가 행복하게 잘살 수 있도록 지지해 주고 도와주는 것 외에 우리 부부가 특별히 해준 것은 없지만, 이러한 생각과 태도가 아이들에게 긍정적인 영향을 끼쳤을 것이라고 생각합니다.

선생님의 평소 생각이 이 책에 모두 담겨 있는 것 같아서 주위 분들에게 적극 권하고 싶습니다. 끝으로 이 책에 나오는 21명의 아이들은 대한민국 미래라고 생각합니다. 물론 우리 지웅이와 하은이에게도 롤모델이 될 수 있을 것이고요.

정은표_ 배우, SBS '스타주니어쇼–붕어빵' 지웅 · 하은이 아빠

Special Page

"효주와 광모의 도전!"

효주의 도전

목동에 사는 효주(중2)는 목표 의식이 뚜렷하다. 친구들이 학원에서 공부를 할 때, 효주는 방과 후 학교 도서관에서 자기주도학습을 한다. 다음은 효주의 도전 목표이다. 이를 바탕으로 나의 이상 목표는 무엇이고, 이상 목표를 이루기 위한 과정 목표는 무엇이며, 과정 목표를 이루기 위한 행동 목표는 무엇인지 적어보자.

나의 이상 목표

- 제2의 힐러리가 되어 국민들에게 많은 존경을 받는 정치인이 되는 것

나의 과정 목표

- 중학교 1, 2, 3학년 모두 전교 100등 안에 든다.
- 중학교 내내 평균 80점 이상을 유지한다.
- 고등학교 때는 전 과목 1등급을 유지한다.

- 고등학교 때는 전국 상위 3% 안에 든다.
- 서울대학교 법학과에 진학한다.
- 서울대학교 학생회장을 맡는다.
- 서울대학교를 수석으로 졸업한다.
- 국회의원에 출마하여 당선된다.

나의 행동 목표

- 아침 일찍 일어나는 습관을 가진다.
- 계획을 세워 모든 과목을 골고루 공부하고 체크한다.
- 외고에 진학하기 위해 영어를 열심히 공부한다.
- 공부할 때 다른 생각을 하지 않는다.
- 시간을 효율적으로 관리하며 행동한다.
- 모든 사람들에게 친절하게 행동한다.

해야 할 일들

1. 수학 문제집 풀기
2. 영어 듣기 평가, 문법 문제집 풀기
3. 과학 교과서 읽고 문제집 풀기
4. 역사 교과서 읽고 공책 정리하기
5. 신문 읽기
6. 문학책 읽기
7. 일어 가타카나 외우기, 단어 외우기
8. 중국어 공부하기

20년 후의 나의 모습

국회의사당 안으로 천천히 들어선다. 나의 눈에는 눈물이 흘러내리고 있다. 드디어 내가 원하던 꿈이 이루어진 것이다. 가슴에 달려 있는 국회의원 배지, 그리고 국회의사당 안으로 힘차게 들어가고 있는 나의 모습이 너무 자랑스럽다. 어릴 적 나는 정치인이라는 꿈을 가지고 열심히 노력했다. 간혹 성적이 뜻대로 안 나올 때는 '내가 과연 할 수 있을까?', '결국 나도 평범한 사람이 되어 버리는 것은 아닐까?'라고 생각하며 혼자 울기도 했다. 하지만 꿈 하나만을 믿고 달려온 결과, 지금 나는 이렇게 꿈을 이루었다.

광모의 도전! 겨울방학

공부스타 광모(중1)는 사교육의 메카인 대치동에 살면서 초등부터 흔들림 없이 자기주도학습을 실천하고 있다. 다음은 공부, 운동 등 어느 것 하나 못하는 것이 없는 광모의 겨울방학 플랜이다.

❶ 영어(문법/TOEFL)

:: 문법(조현/THIS IS GRAMMAR)

- 조현 → 방학 동안 10챕터 끝내기
- THIS IS GRAMMAR → 3/4~1권 끝내기

:: TOEFL(데이비드 저)

- 그냥 100점만 맞아도 만족

❷ 수학/과학

:: 방학 동안에는 수학 내신 성적을 올리는 데 집중하고 선행학습은 틈틈이 시간날 때마다 한다. 그리고 중2 때는 수학 점수가 두 학기 모두 꼭 90점 이상 되도록 한다. 그리고 내년에는 수학 영재반에 들어간다.

:: 과학 내신과 수행평가는 만점을 받고 과학 지필평가 때는 실수를 하지 않도록 최대한 노력한다. 방학 때 2학년 1학기 과학을 열심히 공부한다. 주기율표는 꼭 필요한 것만 외운다.

❸ 농구/달리기

:: 농구는 화, 목, 금, 토(일)요일에 하고 슛을 많이 던져서 슛 성공률을 높

인다. 그리고 외곽 슛 욕심보다는 성공 확률이 높은 레이업 슛이나 골밑 슛을 욕심 낸다. 그리고 농구를 할 때 점프를 많이 해서 키가 크도록 노력한다.

:: 달리기는 지금 실력이 그대로 유지되도록 노력한다. 운동 전후에는 반드시 운동장 1~2바퀴를 뛴다.

❹ 독서(역사책/문학책)

:: 역사책은 국사책과 세계사책을 번갈아 읽어 시대의 흐름을 이해한다. 그리고 중2 사회에 도움이 될 만한 책을 읽는다.

:: 문학책은 가능하면 많이 읽는다. 모든 것을 이해하려고 하지 않고, 그냥 전체적인 흐름을 이해하는 것에 의의를 둔다. 방학 동안 최소 35권 이상 읽는다.

❺ NIE(Newspaper In Education)

:: 1월 첫째 주부터 매주 일요일에 그 주의 이슈가 될 만한 기사들을 2개(스포츠/기타) 골라서 노트에 붙인다. 그리고 그 기사에 대한 나의 의견을 써서 보관한다.

43일 간의 방학, 1학년을 마무리하는 겨울… 위 5개만 성공적으로 하면 방학 잘 보낸 것이고, 아니면 아닌 것이고……. 하여간 잘 보내는 것이 더 나을 것 같으니까 한번 해보자! 파이팅!

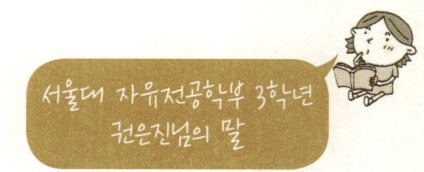

서울대 자유전공학부 3학년
권은진님의 말

공부가 힘들고 어렵다고 느껴질 때 볼 수 있는 책

요즘에는 자기주도학습에 관련된 정보가 넘쳐나는 것 같습니다. 이번 기회에 많은 학생들이 자기주도학습이 단순히 공부만 잘하는 것이 아니라 '생활 자체를 바꾸는 것'이라는 인식을 할 수 있는 계기가 될 것입니다.

저 역시 중·고등학교 시절, 많은 계획을 세우곤 했었는데, 지금 생각해보면 그것이 바로 자기주도학습이었던 것 같습니다. 이 책을 읽으면서 가장 인상 깊었던 것은 '나를 바꾸는 21일간의 도전'이었습니다. '이 방법을 진작 알았더라면 좀 더 효율적으로 공부할 수 있었을 텐데…….'하는 아쉬움이 남습니다. 그런 점에서 본다면 후배님들은 참 운이 좋은 편입니다. 이렇게 유익한 책을 볼 수 있는 기회가 생겼으니까요.

공부가 힘들고 어렵다고 느껴질 때는 교과서나 문제집 외에 이런 공부법에서 해결 방법을 찾아보세요. 의외로 빨리 정답을 찾을 수도 있답니다.

권은진_ 서울대 자유전공학부 3학년. 특기자 전형 수석 합격

공부

꿈

미래 왜?

1부

자기주도학습 2.0 시대의 7가지 키워드

1 [키워드1] 내 인생 오너십 갖기

박영진, 한인 최초 하버드 로스쿨 최우수 졸업

"어머니는 자식들에 대한 기대가 매우 컸다. 하지만 아무것도 내게 강요하지 않으셨다. 부모가 시켜서 하는 것이 아니라 내 선택이기 때문에 해야 한다는 것을 느끼게 해주셨다. 내 인생이고, 내가 주인의식을 가져야 한다고 느꼈다. 물론 시간은 오래 걸렸다. 나는 어렸을 때 공부를 그렇게 많이 하지 않았다. 고등학생이 되자 내 인생은 내가 결정해야 한다는 것을 깨달았다."

_하버드 로스쿨 졸업생 중 상위 1%에 속하고,
총 589명의 졸업생 중 단 6명에게만 주어지는 최우수 졸업의 영예를 안은 박영진

공부를 못하는 근본적인 원인은 무엇일까?

아이들에게 물리적 여건을 비슷하게 부여하면 유사한 결과가 나올까? 많은 사람들은 "그렇다."라고 대답한다. 그런데 물리적 여건은 필요조건일 뿐, 문제를 극복하도록 유도하는 충분조건은 되지 못한다. 공부를 못하는 아이들의 근본적인 문제는 공부를 잘하는 아이에 비해 미래에 대한 포부, 성취 동기, 자아개념이 낮다는 것이다. 따라서 아이 스스로 공부하게 하려면 물리적 여건 개선이라는 필요조건뿐만 아니라 미래에 대한 희망과 이를 이루기 위한 동기부여라는 충분조건이 동시에 충족되어야 한다. 즉, 숨겨진 열정을 표출해 낼 수 있는 목표를 갖게 하는 일, 그리고 그 목표가 진정으로 자신의 마음속에서 우러나올 수 있도록 동기를 부여하는 일이 최우선이다.

내 영혼의 선장은 바로 '나'

한 중학생에게 "네 인생은 누구 것이지?"라고 물으니, 서슴없이 '내 것'이라고 대답했다. "네 인생의 선장은 바로 너로구나. 그럼 네 인생의 배는 어디로 향해 가고 있지?"라고 물었더니 "잘 모르겠다."라고 대답했다. 내가 어떤 삶을 살 것인지를 정하지 않고 살아가는 것은 마치 목적지 없이 항해하는 배의 선장과 같다. 선장이 항해를 하는데 목적지가 없으면 어떻게 될까? "목적지가 없는 배에게는 유리한 바람이 불지 않는다."라는 말이 있다. 목적지가 없으면 그냥 바람 부는 대로 물결치는 대로 떠다닌다. 내 영혼의 선장이 바로 나라면, 목적지뿐만 아니라 항로도 알아야 한다.

박영진은 "저는 공부벌레가 아닙니다. 공부는 성공으로 가는 수단일 뿐입니다. 공부 그 자체가 성공이어서는 안 되죠. 내가 공부를 열심히 한 이유는 성공 그 자체를 뛰어넘는 삶의 목표가 있었기 때문입니다."라고 말한다.

삶의 목표가 있느냐 없느냐에 따라 삶이 달라지듯이, 공부의 목표가 있느냐 없느냐에 따라 학습 효과도 달라진다. 공부를 왜(Why) 하는지, 내가 원하는 것이 무엇(What)인지, 그리고 행복(Happiness)한지 자신에게 물어보자.

지금 당장 행복한 공부 여행을 떠나자

나만의 행복한 공부 목표를 찾자. 내가 왜 공부하고 있는지, 무엇을 위해 공부를 하는지를 깨달으면, 자연스럽게 공부에 매진할 수 있게 된다. 나그네는 정처 없이 떠돌지만 탐험가나 개척자는 미지의 세계를 찾으려는 목표가 있다. 공부도 마찬가지다. 목표가 없는 공부는 뿌리 없는 나무와 같다. 뿌리가 없으면 나무는 곧 말라 죽고 만다. 공부를 해야 하는 분명한 목표가 있어야 한다. 자신에게 무엇이 절실한지 물어본 후, 예측 가능하고 성취 가능한 단계적 목표를 세워 공부해야 한다.

박영진은 "사람들은 제가 천재이거나 효율적인 공부 방법을 알고 있을 것이라고 생각해요. 하지만 저는 공부를 '공부'라고 생각하지 않았어요. 청소년들이 컴퓨터 오락에 재미를 느끼듯 저는 법을 공부하는 지적인 도전이 정말 재미있어요. 만약 주변의 세상을 다 잊을 만큼 재미있는 것을 발견하면 그것에 열정을 쏟아보세요."라고 말한다. 공부는 여행과 같다. 여행은 목적지가 정해지는 순간에 시작된다. 가슴 두근거리는 매력적인 목적지를 정하자. 여행은 주어진 여건과 상황을 극복하고 새로운 미래를 창조하기 위한 것이다. 현실에 안주하지 않고 자신을 혁신하는 것이 공부의 궁극적인 목적이라면 공부 여행이야말로 가장 효과적인 방법이다. 공부를 잘하고 싶다면 지금 당장 행복한 공부 여행을 떠나자.

멘토의 한마디

글로 쓴 목표는 놀라운 능력을 발휘한다. 내 인생의 10가지 목표를 적은 후 매년 들여다보면서 수정해 나가자. 꿈을 적으면 목표가 되고, 목표를 나누면 계획이 되고, 계획을 실행하면 꿈을 이룰 수 있다는 것을 잊지 말자.

tip. 내 인생의 주인이 되기 위한 토의 질문

- □ **1.** 자신의 숨겨진 열정을 표출해 내기 위해 해야 할 일은 무엇일까?
- □ **2.** 내 영혼의 선장이 바로 나라면, '가장 가치 있는 삶의 목표'란 무엇일까?
- □ **3.** '내 인생의 도전 목표 3가지'를 적고, 각 도전 목표에 대해서 설명할 수 있는가?
- □ **4.** 내가 공부를 해야만 하는 진정한 이유는 무엇일까?
- □ **5.** 신문 읽기와 뉴스 보기가 중요한 이유는 무엇일까?

멘토의 한마디

어떤 문제에 대하여 여러 사람의 의견을 들은 후에 가장 적절한 해결 방법을 찾는 것을 '토의'라고 한다.

2 [키워드 2] 자기주도학습 습관 만들기

일정한 시간에 일정한 장소에서

"늘 전교 1등을 하는 최상위권 학생들에게는 열심히 공부하여 최고 성적을 받는 일이 그저 습관일 뿐이다. 열심히 공부하지 않으면 안 될 것 같고, 성적이 떨어지면 큰일날 것 같아서 최선을 다해 공부하는 습관이 몸에 밴 덕분에 우수한 성적을 받는 것이다."

_중·고등학생 시절 줄곧
최상위권을 유지해 온 한 아이비리그 명문대생

스스로 학습 계획을 세우고 실천하는 습관을 길러라

'스스로'라는 개념이 없는 사교육을 많이 받은 아이들에게는 없는 것이 있다. 그것은 다름 아닌 자기주도적인 학습 습관이다. 스스로 정한 학습 목표가 없으니 동기부여가 없고, 알아서 다 해주니 스스로 알아서 할 이유가 없는 것이다. 반면, 자기주도학습을 하는 아이들은 스스로 학습 계획을 세우고 실천하는 습관을 가지고 있다. 공부를 잘하고 못하고는 지능 지수도 아니고, 값비싼 사교육도 아닌 자기주도적인 학습 습관에 달렸다. 리처드 교수는 "1,600명의 미국 하버드 대학생들의 학습 습관을 연구한 결과, 다양한 활동을 하면서도 공부하는 시간만은 엄격히 관리한 것으로 나타났다."고 말했다.

학습 습관 중에 가장 기본적이면서 중요한 것은 스스로 공부를 계획하는 습관, 자신을 컨트롤하는 습관, 자기주도적인 학습 습관이다. 이러한 습관들은 학년이 올라갈수록 학업 성취도에 영향을 미치는 결정적 요인이 된다. 현재 자신이 지나치게 학원에 의존해서 공부하고 있다면, 최대한 학원에 의지하는 것을 줄이면서 스스로 공부할 수 있는 습관을 만들어 가는 것이 미래 경쟁력을 기르는 방법이다. 한 과학고 교사는 "공부만 잘한다고 해서 특목고를 선택해서는 안 된다. 특목고에서 공부를 하려면, 무엇보다 시간과 체력, 학습 등 모든 면에서 자기 관리 능력이 필요하다. 스스로 학습할 수 있는 능력을 갖추지 않은 채 부모의 욕심만으로 특목고에 진학했다가 결국 경쟁에서 도태되는 경우가 적지 않다. 특목고의 치열한 학력 경쟁에서 버틸 수 있는 바탕은 바로 적극적인 학습 습관이다."라고 조언했다.

매일 '일정한 시간에, 일정한 장소에서'

지금 자신이 불규칙적으로 공부하고 있다면 무엇보다도 매일 규칙적으로 공부하는 습관부터 몸에 배도록 해야 한다. 공부하는 시간을 엄격하게 관리해서 일정한 시간에 공부하는 습관을 들이면 같은 시간 공부하더라도 습득하는 정보의 양을 늘릴 수 있을 뿐만 아니라 습득한 정보를 오랫동안 기억할 수 있게 된다. 좋은 학습 습관을 들이는 최상의 방법은 '매일 일정한 시간에, 일정한 장소에서, 정해진 양을 규칙적으로 공부하는 것'이다. 매일 같은 시간에 공부하게 되면 생활 리듬이 형성되기 때문에 이해력과 집중력이 높아지게 된다. 21일간 정해진 시간에 목표대로 공부를 하면 그 다음에는 몸이나 마음의 거부 반응이 없어진다. 어떤 때는 내 몸이 먼저 원한다는 생각이 들 정도로 습관이 되어 버린다. '하루 중 일정한 시간을 정해서 공부하기, 그날그날 공부 목표량을 정해 놓고 실천하기', 이 두 가지만 습관화하면 누구나 공부를 잘할 수 있게 된다.

가장 먼저 해야 할 일은 작은 성취감을 맛볼 수 있도록 자신의 특성에 맞는 시간표를 작성한 후 이를 지켜나가는 것이다. 특히 과목별 시간대를 그날그날 사정에 맞게 바꾸지 말고 순서를 정하여 정해진 대로 공부하는 것이 효과적이다. 과목별 공부 순서를 정하면 두뇌가 스스로 그 과목을 공부할 준비를 한다. 습관에 의해 해당 부분의 뇌가 활성화되고, 효과가 극대화되는 것이다. 좋은 학습 습관은 정해진 시간 내에 습득하는 정보의 양을 늘리고 습득한 정보를 오랫동안 기억할 수 있는 방식으로 공부하는 것이다.

일정한 시간에 공부하는 것 못지않게 중요한 것이 일정한 장소에서 공부하는 것이다. 공부를 하려면 공부를 방해하는 요소부터 없애야 한다. 만화책이나 인터넷 소설, 텔레비전 소리, 전화벨 소리 등은 공부를 방해하는 대표적인 요소라고 할 수 있다. 집에 오면 음악도 듣고 싶고, 텔레비전도 보고 싶고, 친구와 전화도 하고 싶은 욕구가 생기게 된다. 이러한 유혹을 극복하고 집중해서 공부를 할 수 있다면 좋겠지만 대부분의 경우 유혹에 넘어가서 나중에 후회하는 경우가 많다. 이러한 후회를 줄이기 위해서는 유혹을 떨쳐 버릴 장소가 필요하다. 공부를 방해할 요소가 전혀 없는, 집중이 잘되는 일정한 장소에서 공부하면 집중력도 향상되고 학습 효율도 그만큼 커진다.

자기주도적인 학습 습관은 책읽기다

책을 많이 읽으면 배경지식이 늘어나기 때문에 더 많은 생각을 하게 된다. 이제까지 성공한 사람들은 모두 책 읽는 것을 좋아한다는 공통점을 가지고 있다. 책읽기가 중요한 이유 중 하나는 질문과 대화로 이어진다는 것이다. 자연스럽게 책에서 벗어난 대화가 시작된다는 것이다. 그리고 다른 활동에서는 할 수 없는 '세상과의 대화'를 할 수 있게 된다.

옥스퍼드대의 연구에 의하면, 책 읽어 주는 부모의 힘은 크다. 부모가 책을 읽어주는 것을 아이가 들을 때는 뇌에서 알파파가 더 많아진다. 아이들은 13살이 넘어야 글자를 보면서 받아들이는 능력과 귀로 들으면서 받아들이는 정보의 이해력이 일치한다.

책읽기 습관은 공부할 때 "왜"라는 질문을 스스로 하면서 공부하게 만든다. 그냥 외우기만 하는 아이들은 불행하다. 이 공식이 왜 도출되었는지를 알면 공부하는 것이 재미있고, 머릿속에 오래 남으며, 사고력을 향상시킨다. '왜'를 생각하며, 공부하는 습관은 처음에는 많은 시간이 필요하지만, 나중에는 엄청난 시간을 절약해준다. 최상의 공부 방법은 스스로 깨닫는 것이고, 스스로 깨달으려면 많은 질문을 던져야 한다. 옛날의 훌륭한 스승들은 질문을 던질 수 있는 사람들이었다는 것을 잊어서는 안 된다.

학습 습관을 만들려면 부모가 바뀌어야 한다

아이 스스로 공부할 기회를 준 적이 없으면서 아이가 스스로 공부하기를 강요하고 있지는 않은지 자문해보기 바란다. 자녀의 공부에 대해서는 온갖 신경을 쓰면서 스스로 공부하는 습관을 길러주는 데는 의외로 무관심한 부모들이 많다. 이러한 부모들은 학원이나 개인 과외만 시키면 저절로 성적이 오를 것이라고 생각한다. 하지만 학습 습관이 몸에 배어 있지 않은 아이에게 무조건 공부만 강요하면 집중력과 의욕을 상실하기 때문에 공부를 잘할 수 없다. 설령 성적이 오른다고 해도 일시적인 경우가 많다.

반면에 스스로 공부하는 습관을 기른 아이는 학습 동기가 높고, 학업 성취도도 높다. 잔소리를 하지 않아도 아이들이 자신감을 갖고 자신의 꿈을 이루기 위해 공부하기를 바란다면 좋은 학습 습관부터 기르도록 해야 한다. 그렇다면 학습 습관은 언제부터 들여야 할까? 11~16세가 최적기다. 10대는 미래에 대한 준비를 하는 시기이므로 학습에 대한 동기가 가장 잘 부여된다. 특히 11세부터 16세까지의 청소년기에 지능이 가장 많이 발달한다. 이 시기에는 학습 능력이 가장 왕성해지고 인성이 발달하여 어른 수준의 논리를 갖게 되고, 스스로의 삶을 설계할 수 있게 된다. 또 인간의 인생 중에서 가장 가능성이 많은 나이이기도 하다. 그렇기 때문에 아이의 미래를 결정하는 결정적 시기라고 말할 수 있다. 아이 스스로 시간을 관리하는 습관을 가지면 누구나 수재가 될 수 있다. 혼자서는 공부할 줄 모르는 '학원 키드'로 키울 것인지, 스스로 공부하는 '셀프 키드'로 키울 것인지는 부모의 선택에 달려 있다. 공부가 행복해지는 자기주도적인 학습 습관을 길러 주면 평생 배움을 사랑하는 큰 인물로 키울 수 있다.

습관을 만드는 쉽고 효과적인 방법

습관을 보다 쉽게 만들려면 먼저 습관의 패턴을 만든 후에 습관의 내용을 만들어야 한다. 습관의 패턴이 만들어지지 않은 상태에서 습관의 내용을 무리하게 넣으려고 하면 실패하는 것은 물론이고 무엇 때문에 실패했는지도 모르게 된다.

독서 습관을 만드는 것을 예로 들어 보자. 목표는 매일 저녁 10시에 1시간의 독서를 하는 것이다.

1단계로 습관의 패턴을 만든다. 습관의 패턴을 만드는 방법은 아주 간단하다. '매일 저녁 10시에 1시간 독서하기'에서 '매일 저녁 10시에 책 펼치기'만 하면 성공이다. 책을 펼친 후에 한 줄을 읽든, 한 페이지를 읽든 그것은 덤으로 이루는 성공이고, 목표는 책을 펼치는 것이라는 것만 분명히 하면 된다. 이렇게 21일을 반복하면 몸에 '저녁 10시에 책 펼치기'라는 습관의 패턴이 하나 만들어진다. 목표가 아주 단순하기 때문에 성공 확률이 높다.

2단계로 습관의 내용을 만든다. 만들어진 습관의 패턴에 1시간 독서라는 전체 내용을 집어넣으면 된다. 패턴이 확실하게 몸에 밴 사람은 1시간 독서 전체를 습관의 내용으로 넣어서 바로 실천해도 되고, 그것이 힘들게 느껴질 경우 한 주 단위로 습관의 내용을 늘려 가도 된다. 처음에는 한 페이지 읽기를 목표로 진행하고, 그 다음에는 20분 읽기, 40분 읽기, 1시간 읽기로 점점 늘려 가면, 책을 읽을 수 있는 시간이 길어진다.

멘토의 한마디

스테이크 덩어리를 왜 한꺼번에 먹으려고 하는가? 먼저 포크와 나이프를 준비하고 한 입에 들어갈 크기만큼 작게 나눈 다음(습관의 패턴 만들기), 한 번에 한 입씩 먹으면 된다(습관의 내용 만들기).

무엇이든 21일 동안 계속하면 습관이 된다

대부분의 아이들은 학습 습관을 바꾸는 과정에서 당연히 나타나게 마련인 스트레스와 고통을 잠깐 경험하고는 불과 며칠 만에 새로운 학습 습관을 만들려는 노력을 포기하고 만다. 이를 작심삼일이라고 한다. 그러나 그것도 일곱 번만 하면 21일이 된다.

우리 뇌는 충분히 반복되어 시냅스가 형성되지 않은 것에는 저항을 한다. 그러므로 좋은 습관이 몸에 밸 때까지는 21일간 의식적으로 노력을 기울여야 한다. 사람의 생체 시계가 교정되는 데는 21일이 소요되기 때문이다. 21일은 생각이 대뇌피질에서 뇌간까지 내려가는 데 걸리는 최소한의 시간으로, 생각이 뇌간까지 내려가면 그때부터는 심장이 시키지 않아도 뛰는 것처럼 의식하지 않아도 습관적으로 행하게 된다.

분명히 말할 수 있는 것은 21일간 무엇인가를 지속하면 틀림없이 집중해서 공부하는 습관이 만들어진다는 것이다. 모든 습관은 연습과 반복을 통해 이루어진다. 이처럼 습관은 학습이 가능하기 때문에 반복과 연습이라는 똑같은 학습 과정을 통해 '실패하는 습관'을 '성공하는 습관'으로 고칠 수 있다.

학습 습관은 한 번에 하나씩 만들어 가면 된다. 그렇다면 많은 노력과 시간을 들이지 않고도 학습 습관을 쉽게 형성하는 방법은 없을까? "무슨 일을 하든지 한 번에 하나씩 하라. 그러면 모든 일을 해 내리라."라는 금언이 있다. 그렇다. '한 번에 하나씩' 하면 된다. 공부 기적을 이루려면 한 번에 하나의 습관을, 한 번에 또 하나의 습관을 만들어 나가면 된다. 다음은 '앞서가는 조수'라는 글이다.

세균학자와 함께 일하는 어린 여자 조수가 있었다. 어느 날 학자 앞으로 세균 검사에 필요한 견본이 300개나 배달되어 왔다. 그것을 하나하나 검사하는 일은 조수의 몫이었다. 학자가 미안한 마음으로 조수에게 말했다. "할 일이 너무 많은 것 같은데, 괜찮겠어?" 그러자 조수가 아무렇지도 않다는 얼굴로 "뭘요, 한 번에 하나씩 하면 되는 걸요."라고 대답했다.

공부는 꾸준히, 단계적으로 진행하는 것이다. 한꺼번에 많이 먹으면 소화가 안 되고 탈이 나는 것처럼 공부도 마찬가지다. 단계적으로 차근차근, 하나하나 공부해 나가는 것이 중요하다. 우선 책상 앞에 끈기 있게 앉아 있는 것부터 훈련해보자. 책상 앞에 앉아 있는 습관은 학습량과 맞물려 있다. 집중을 안 한 상태에서 앉아 있다면 별 소용이 없겠지만 일단 책상 앞에 있는 시간이 길다는 것은 다른 학생들보다 한 문장이라도 머릿속에 집어넣는 것이 많다는 뜻이다. 몸이 행위에 익숙해져야 생체 리듬이 생기고, 좋은 결과도 얻을 수 있다. 작은 성공부터 시작하라. 지금 당장 작은 계획부터 실천해보자.

작은 산을 자주 오르다 보면 어느덧 높은 산에 올라 있는 자신을 발견할 수 있을 것이다.

자기주도학습 습관 체크리스트

자기주도적으로 학습하는 습관이 제대로 잡혀 있지 않다면 먼저 자신의 학습 습관이 어떻게 형성되어 있는지를 진단한 후 문제점과 개선점을 찾아보는 것이 중요하다.

A. 그렇지 않다 B. 그저 그렇다 C. 그렇다 D. 매우 그렇다

	학습 습관	점수			
		A(0점)	B(1점)	C(2점)	D(3점)
1	목표 점수나 등수를 생각하면서 공부한다.				
2	꼭 되고 싶은 확실한 희망이 있다.				
3	항상 나를 격려해주는 사람이 있다.				
4	숙제를 잘하고 시험을 잘볼 자신이 있다.				
5	누가 시키지 않아도 스스로 공부한다.				
6	공부하는 것이 즐겁다.				
7	공부할 때 중요한 내용에 밑줄을 긋거나 표시한다.				
8	책을 읽을 때 요점을 파악하면서 읽는다.				
9	예습, 복습을 중요하게 생각한다.				
10	계획을 세우면 잘 실천하는 편이다.				
11	오늘 해야 할 공부를 내일로 미루지 않는다.				
12	이해가 안 되는 부분이 있으면 다시 공부한다.				
13	혼자 공부하는 시간을 정해서 매일 공부한다.				
14	시험 공부는 몰아서 하지 않는다.				
15	공부할 분량을 정해 놓고 공부한다.				
16	최소한 1시간은 집중해서 공부할 수 있다.				
17	공부가 잘되는 나만의 공부 장소가 있다.				
18	모르는 것이 있으면 선생님께 질문한다.				

진단 결과 분석

- 상(40~54점)

스스로 공부하는 습관이 몸에 배어 있어서 누구보다 성공적인 학습이 가능하다.

- 중(20~39점)

자기주도학습법에 대해 정확히 이해한 후, 구체적인 방안을 보완하여 보다 적극적으로 실천해야 한다.

- 하(00~19점)

자기주도학습의 이해와 실천이 요구된다. 신나는 공부가 되려면 학습 습관이 몸에 배어 있어야 한다는 것을 기억해야 한다.

나의 자기주도학습 습관은 어떤 수준인가?

테스트 결과에 대한 나의 생각은?

[키워드 3] 습관 황금률 3

하고 싶지 않은 일을 매일 하도록 하라

"내가 정복한 것은 산이 아니라, 나 자신이다." 치열한 노력과 훈련, 반복되는 연습을 통해 자기를 통제할 수 있다. '하고 싶지 않은 일을 매일 하도록 하라' 이것이 바로 고통 없이 자기 의무를 수행하는 습관 황금률이다.

_에베레스트를 최초로 정복한 뉴질랜드 힐러리 경

습관 황금률을 활용한 사람들

- 19세기 최고의 바이올리니스트인 사라사테는 하루 14시간 바이올린을 연습하는 습관이 있었다.
- 천재 에디슨은 일생 동안 1,039개를 발명했는데, 그에게는 생각하는 습관과 포기하지 않는 습관이 있었다.
- NBA 사상 최고 자유 슈터인 래리 번트는 매일 아침 자유투를 500개씩 연습한 후에 학교에 가는 습관이 있었다.
- 한 연주회에서 폴란드 출신의 위대한 피아니스트 이그나치 안 파데레프스키는 "당신은 천재 중의 천재입니다."는 칭찬을 들었을 때 "저는 천재가 아닙니다. 단지 연습을 많이 한 것뿐입니다."라고 대답했다. 그는 한 소절을 연습할 때도 수십 번, 수백 번씩 연습을 하여 정확하게 연주할 수 있도록 노력했다.

예술이든 기술이든 남보다 뛰어난 경지에 이르려면, 반복적인 연습이 필요하다.

새로운 습관을 만드는 7단계

1단계. 결심하라

매일 아침 일찍 일어나 운동을 하겠다는 결심을 하면 알람을 맞춰라. 알람이 울리면 즉시 일어나 운동복으로 갈아입고 운동을 시작하라.

2단계. 예외를 인정하지 말라

새 습관의 형성기에 예외를 인정하지 말라. 매일 아침 6시에 일어나기로 결심했다면 습관이 될 때까지 6시에 일어나는 연습을 반복하라.

3단계. 다른 사람에게 말하라

주변 사람들에게 말하라. 결심을 실행하는 당신을 지켜보는 사람이 있다고 생각하면 당신은 굳은 결심으로 원칙을 지켜 나갈 것이다.

4단계. 새로운 자신을 시각화하라

새 습관을 익힌 당신의 모습을 시각화하고 상상하라. 새 습관은 더 자주 시각화할수록 더 빨리 무의식 속으로 들어가고, 자동적인 버릇이 된다.

5단계. 스스로에게 확언하라

스스로 반복해서 확언하라. 속도를 높여줄 것이다.

6단계. 굳은 결심으로 밀어붙여라

결심한 일을 하지 않으면 불편함을 느낄 정도로 새 습관이 자동적이고 쉬운 일이 될 때까지 계속 연습하라.

7단계 자신에게 보상하라

스스로를 칭찬하고 보상하면 습관은 더욱 강화된다. 행동이나 결심의 성과로 얻는 긍정적 결과에 대해 강한 애착을 가져라.

_브라이언 트레이시, '백만 불짜리 습관' 중에서

tip. 습관 황금률을 만들기 위한 토의 질문

- □ **1.** 학습 습관 중에서 가장 기본적이면서 중요한 습관은 무엇일까?
- □ **2.** 매일 규칙적으로 공부하는 습관을 길러야 하는 이유는 무엇일까?
- □ **3.** 책읽기 습관이 중요한 이유는?
- □ **4.** 자신의 꿈을 이루기 위해 자기주도학습 습관을 들여야 하는 이유는?

[키워드 4] 내 공부의 내비게이션! 자기주도학습

지금 당장 자기주도학습자로 탈바꿈하라

이제까지의 우리 교육은 한마디로 객관식 정답 찍기 시험만을 위한 교육이었다. 정답이 이미 정해져 있는데 무슨 토론이 필요하겠는가? 아이들 입장에서는 무턱대고 외우는 수밖에 없다. 자기주도학습을 전혀 해본 적이 없는 아이에게 스스로 문제를 설정하고 결과를 도출하라는 토론식 학습 방식은 빗살무늬토기에 빗살이나 그을 줄 아는 이에게 토기를 빚어보라고 요구하는 것과 같다. 이제 암기 천재는 세계 어디에서도 안 통한다.

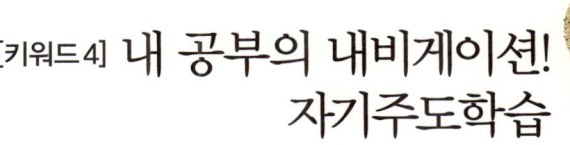

진정한 자기주도학습이란 무엇일까?

자기주도학습은 쉽게 말해서 '스스로 공부하는 것'이다. '어떻게 하면 자기주도학습 능력을 키울 수 있을까?'라는 질문에 대한 대답은 그리 쉽지 않다. 진정한 자기주드학습이 무엇인지를 알기 위해 두 가지 정의를 살펴보자. 교육과학기술부의 〈자기주도학습 전형 매뉴얼〉에는 '자기주도 학습이란, 학생 스스로 자신의 학습 과정에서 주도적으로 목표를 설정하고 계획하여 학습한 후 스스로 결과를 평가하는 과정을 통해 창의력과 문제 해결력을 향상시키는 학습'이라고 정의되어 있다. 또 교육과학기술부, 서울시교육청, 한국교육개발원이 2010년에 공동으로 발간한 ≪내 공부의 내비게이션! 자기주도학습≫에는 '자기주도학습 능력이란, 자신에게 필요한 정보와 지식을 선별하여 스스로 학습할 수 있는 능력과 어떤 과제가 주어졌을 때 스스로 해결하는 능력'이라고 정의되어 있다.

자기주도학습 능력을 키우려면 어떻게 해야 할까? 자기주도학습의 정의는 하나다. 자기주도학습 능력을 키우려면 스스로 자신의 학습 과정에서 주도적이 되어야 하고, 스스로 자신의 목표를 설정하고 계획하여 학습한 후 그 결과를 평가해야 한다. 또 자신에게 필요한 정보와 지식을 선별해야 하고, 과제를 스스로 해결할 수 있어야 한다.

그렇다면 이제 무엇을 해야 할까? 자기주도학습 능력을 키우려면 수많은 정보와 지식 중에서 나에게 필요한 것을 골라 낼 수 있어야 한다. 그리고 과제가 주어졌을 때 스스로 해결할 수 있는 문제 해결력이 있어야 한다. 문제 해결력은 무엇이 문제인지부터 진단한 후 과제에 맞는 정보와 지식을 선별하고 해결 방안을 모색해 나가는 것이다. 그리고 선별한 지식을 바탕으로 새로운 지식을 생산해 낼 수 있어야 한다. 이에는 창의성이 필요하고, 한 사람이 아닌 팀으로 수행하기 때문에 의사소통 능력도 필요하다. 또 선택을 해야 하는 상황에 놓였을 때 합리적이고 타당한 준거에 의해 결정할 수 있는 의사결정력도 필요하다.

자기주도학습 능력을 복합적으로 기를 수 있는 대표적인 교육 방식이 바로 토론식 수업이다. 기존의 주입식이 아닌 토론식 수업으로 바꿔야만 비판적 사고력, 문제 해결력, 의사소통 능력, 의사결정력 등을 기를 수 있다.

tip. 자기주도학습을 완성하기 위한 5단계 프로세스

① 자신의 학습 요구를 진단한다

□ 공부를 시작하기 전에 자신의 학습 요구가 무엇인지 파악했는가?

② 자신의 학습 목표를 설정한다

□ 자신의 학습 요구를 바탕으로 분명한 학습 목표와 계획을 세웠는가?

③ 학습에 필요한 인적·물적 자원을 확보한다

□ 학습 계획을 실천하기 전에 학습에 도움이 될 만한 인적·물적 자원을 확보했는가?

④ 자신에게 적합한 학습 전략을 선택하고 실행한다

□ 나에게 맞는 학습 방법을 선택하여 매일 실천했는가?

⑤ 자신이 성취한 학습 결과를 스스로 평가한다

□ 학습 목표를 어느 정도 성취했는지 스스로 점검하고 평가했는가?

공부 본연의 모습은 무엇일까?

스스로 느끼면서 하는 공부가 공부 본연의 모습이며, 진정한 의미의 공부다. 공부는 자기를 만들어 가는 과정이기 때문이다. 진정한 교육이 이루어지려면 학생이 공부의 주체가 되어 자기주도적으로 공부할 수 있어야 한다. 자기주도학습을 하면 학습 동기나 성취 동기가 높기 때문에 학업 성취도가 높게 나타난다.

좋은 교육이란 격려를 이끌어 내는 것이고, 배움을 사랑하도록 도와주는 것이다. 부모는 아이가 스스로 학습할 수 있도록 촉매 역할을 하는 조력자가 되어야 한다. 병아리가 알 속에서 나오려면 먼저 스스로 알을 깨기 위해 부리로 알을 쪼아야 한다. 그러면 알을 품던 어미 닭이 그 소리를 듣고 동시에 밖에서 알을 쪼아 병아리가 세상의 빛을 보게 되는 것이다.

새끼와 어미가 동시에 알을 쪼기는 하지만, 그렇다고 어미가 새끼를 나오게 하는 것은 아니다. 어미는 다만 알을 깨고 나오는 데 도움을 줄 뿐, 결국 알을 깨고 나오는 것은 새끼 자신이다. 교육의 본질이자 목적은 자립심을 기르기 위한 것이며, 아이가 홀로 일어설 수 있도록 돕기 위한 것이다. 자녀를 공부로 성공시킨 대부분의 부모들이 그랬듯이 공부 본연의 모습으로 돌아가 아이 스스로 공부하도록 도와주자.

인생에는 성적보다 중요한 것이 많다. 학습 방법을 깨우치는 것은 평생의 자산이다. 위험을 감수할 줄 알고, 결단을 내릴 줄 알아야 하며, 실패하는 법도 배워야 한다. 실수를 하면서 배우는 것이 진정한 공부다.

미래 교육은 한 방향, '자기주도학습'으로 변해간다

개정되는 교육과정의 특징은 학습 부담은 줄이고, 창의적 체험 활동을 늘리는 것이다. 또 아이들의 특성과 수준을 최대한 배려하는 것이다. 교과서 역시 이를 받아들여 개편의 방향으로 삼고 있다. 그렇다면 개편되는 교과서와 개정되는 교육과정에서 가장 강조하는 점은 무엇일까? 바로 '자기주도학습의 강화'다. 그를 위해 첫째 학교장의 재량권이 강화되고, 둘째 수업시수가 탄력적으로 적용되며, 셋째 창의적 체험 활동이 확대 시행된다.

이제부터는 학교마다 교육과정, 교과서가 달라지고, 강조하는 것이 달라진다. 다시 말해서 논술, 예술, 체육 활동, 수리 활동 등이 학교장의 교육관과 의지에 따라 달라진다. 이를 통해 학교마다 특성화 수업이 가능해진다. 이에 따라 학부모의 관심이 더욱 중요해지고 있다. 학교장의 재량에 따라 교육과정이 달라질 수 있기 때문에 어떻게 운영되는지를 분명히 알아야 한다. 앞으로 전학을 갈 때는 해당 학교의 교육과정, 교과서를 미리 알아본 후에 학교를 선택해야 한다.

지금까지 학년별로 수업시수가 적용되었다면, 앞으로는 학년군(2개 학년)으로 수업시수가 적용된다. 1학년, 2학년이 각각 100시간의 수업을 해야 했다면 앞으로는 1, 2학년 통틀어 200시간을 이수하면 되는 것이다. 이로써 조금 더 자유로운 수업이 가능해졌다.

수업시수가 자유로운 만큼 창의적 체험 활동에서 강조하는 동아리 활동, 나눔 및 봉사 활동 등을 다양하게 할 수 있게 된다. 그동안 국정교과서 하나였던 교과서가 여러 종류의 검정교과서로 바뀐 것과 학교장의 재량에 따라 학교가 특성화되었다는 것, 교사의 창의적 체험 활동 운영 등은 결국 아이들의 다양한 특성을 존중하겠다는 내용으로 정리할 수 있다. 이 모든 변화에 대한 공교육 교사들의 이야기는 한결같다. 앞으로의 학교 교육은 모두 아이의 자기주도학습 능력을 키우기 위한 방향으로 변해 간다는 것이다. 그동안 아이들을 하나의 기준에 의해 일률적으로 교육했다면 앞으로는 아이의 개성을 살리는 수업을 진행할 수 있게 되었다는 것이다. 따라서 창의적 체험 활동이나 다양한 경험을 통해 아이의 장점이 무엇인지 발견할 수 있다. 아이의 재능을 발견하여 수준별로 키울 수 있도록 하는 것이 현재 진행되는 교육과정 개정의 특징이다. 이는 창의적 체험 활동에서 많이 활용할 수 있는 부분으로, 이를 통해 아이들이 21세기형 인재, 공부뿐만 아니라 각자의 장점을 잘 알고, 이를 키울 수 있도록 하는 것이 앞으로의 교육 방향이다. 한 초등학교 교사는 "교육과정이나 교과서가 계속 바뀌고 있지만 그 방향은 오히려 점점 교육의 기본을 향해 가고 있다. 바르게, 스스로 자신의 일을 책임질 수 있는 아이를 키우는 것이 진정한 교육이다. 학교 교육이 지향하는 자기주도적인 아이가 되기를 원한다면 스스로 공부할 때까지 기다려주는 느긋한 마음이 필요하다. 당장의 점수나 선행 학습보다 아이가 자기 수준의 학습을 잘 익히고 다양한 체험을 할 수 있도록 도와주어야 한다."라고 조언했다.

tip. 자기주도학습자로 탈바꿈하기 위한 토의 질문

- □ **1.** 진정한 자기주도학습이란 무엇일까?
- □ **2.** 자기주도학습 능력을 키우려면 무엇을 해야 할까?
- □ **3.** 미래의 학교 교육은 어느 방향으로 변해 갈까?

5 [키워드 5] 우물 밖 글로벌 스킬 배우기

국, 영, 수를 버리고 미래 트렌드를 가르쳐라

스티브 잡스가 한국에서 살았다면?

세계의 모든 나라가 교육 개혁을 하고 있다. 글로벌 인재를 키우기 위해서다. 세상은 글로벌 인재를 원한다. 글로벌 인재란, 글로벌한 마인드를 가진 사람을 말한다. 글로벌 경쟁력을 키우려면 우물 밖 세계에서 벌어지는 다양한 현상들을 넓은 관점에서 바라볼 수 있어야 한다. 이것이 바로 우물 밖 글로벌 스킬을 배워야 하는 중요한 이유다. 스티브 잡스가 한국에서 살았다면 아이폰이나 아이패드가 나올 수 있었을까? 2009년 국제 학업 성취도 비교 평가의 대표적 기준인 PISA 평가에 의하면 한국은 최상위권의 성적을 기록하고 있지만 창의적 학습 수준은 낮은 것으로 나타났다.

세상을 바라볼 수 있도록 교육하는 학교

오랜 전통의 세계적 명문 사립고인 영국의 이튼 칼리지는 총리만 18명을 배출했다. 졸업생 중 50~60%가 옥스퍼드대나 케임브리지대에 진학하고 있다. 그 비결은 무엇일까? 이튼 칼리지는 오래 전부터 세계 시민이라는 교양 과목을 신입생들을 대상으로 운영하고 있다. 이튼 칼리지의 교장인 토니 리틀은 "좋은 성적을 받도록 교육하는 것보다는 세상을 바라볼 수 있도록 교육하는 학교가 위대한 학교이다. 좋은 성적을 받을 수 있도록 교육하는 학교는 생산력이 뛰어난 공장에 불과하다."라고 말했다. 이튼 칼리지의 성공 핵심은 학생들에게 부여하는 폭넓은 자율성에서 찾을 수 있다. 매주 월·수·금요일은 점심 이후에 학과 수업을 하지 않고 학생들 스스로 자유롭게 활동하도록 유도한다.

국내용 커리큘럼 속에 갇혀서는 안 된다

교육과학기술부가 주최한 글로벌 심포지엄에서 세계적인 교육 인증 기관인 국제 바칼로레아의 아태 지역 학교 서비스 총괄자인 나이젤 포브스-하퍼는 "세계화 시대에 활약할 글로벌 인재는 국내용 커리큘럼 속에 갇혀서는 안 된다."고 강조했다. 그는 "자녀들에게 국제적인 감각을 갖춘 교육을 받도록 하는 것이 좋다."라고 하면서 "아이들과 함께 여행을 다니면 인생에 대해 다른 관점을 갖게 된다."라고 말했다.

국제적인 감각을 갖추도록 하라

사람들이 점점 더 많이 이동하게 되면서 교육이 전 세계에 퍼져나가 더 이상 국내용에 머물지 않게 되었다. 이에 따라 '학생들이 국제적인 감각을 갖추도록 하려면 어떤 교육을 제공해야 하는가?'라는 과제가 제기되었다. 국제 감각을 갖추려면 학생이 자신의 환경을 세계적 관점에서 이해하고 평가할 수 있어야 하고, 다른 문화에 감정이입을 할 수 있어야 한다. 하퍼는 "학생들은 빠르게 변화하는 세상에서 살아가고 있다. 따라서 협소한 내용의 커리큘럼에 갇혀서는 안 된다."라고 말했다.

암기력은 중요한 스킬이 아니다

콘텐츠와 스킬은 상호 보완적인 관계다. 콘텐츠 없이 스킬만 개발할 수는 없고, 콘텐츠에만 초점을 맞추면 충분한 스킬을 개발할 수 없다. 콘텐츠가 좁은 범위에 국한되어 교육용으로만 사용될 경우, 학생들은 학습을 위해 암기를 하게 된다. 이 경우 학생들은 암기라는 스킬 한 가지 밖에 익힐 수 없게 된다. 하퍼는 "암기는 내가 학교 다닐 때도 중요했고, 한국 학생들이 대학 진학 시험을 준비하는 데 가장 중요한 스킬일 것이다. 그러나 암기력 자체는 학교를 떠나면 더 이상 중요한 스킬이 아니다."라고 말했다.

스스로 학습할 수 있도록 유도하는 스킬을 익혀라

글로벌 인재로 키우려면 학생들이 스스로 학습할 수 있도록 유도하는 스킬을 익혀야 한다. 여기서 스킬이란, 학생들끼리 생각하고, 서로 토론해서 나름대로의 답을 찾아 내게 만드는 질문을 말한다. 교사가 학생의 앞에 서서 일방적으로 가르치고, 정해진 답만 내놓게 만드는 방식은 바람직하지 않다. 학생들끼리 토론하고 협업해서 더 많이 배우도록 해야 한다. 아이들이 무엇을 배울 것인지에만 초점을 맞추는 대신 학생들이 지향해야 할 방향, 비판적 사고, 국내 환경을 넘어 넓은 시야로 세상을 바라보는 능력 등에 대해서도 관심을 기울여야 한다. 아이들이 국제적인 감각을 키울 수 있도록 교육시킬 기회를 찾아야 한다. 모든 아이가 글로벌 리더가 될 수는 없지만 모든 아이가 리더십을 기를 수는 있다.

글로벌 시대의 인재를 양성하기 위한 방법

어떤 기준을 충족시켜야만 글로벌 시대의 인재가 될 수 있을까? 주요 선진국들에서는 21세기에 필요한 요소로 창의성과 인성, 전문성을 설정하였다. 한국도 이를 주요 교육 키워드로 설정하고 있지만 정작 나타나고 있는 교육 현실은 그렇지 않다. 교수법 전문가인 조벽 교수는 글로벌 시대에 필요한 인재는 '천지인(天地人) 인재'라고 말한다. 천지인 인재란, 하늘 같은 창의성, 땅 같은 전문성, 더불어 살아갈 수 있는 인성을 갖춘 사람을 말한다.

자유롭게 창의성을 키워라

새로운 일을 개척하거나, 같은 일이라도 새로운 방법으로 풀어나갈 줄 아는 학생이 진짜 인재다. 창의성이란, 충분한 지식을 바탕으로 다양한 아이디어가 나오는 것을 말한다. 따라서 기존의 지식 전달 중심 학습이 아닌 경험을 통한 학습을 해야 한다.

나만의 전문성을 갖춰라

새로운 전문 지식과 정보가 매일 홍수처럼 쏟아져 나오는 정보화 사회에서 전문가가 될 수 있는 방법은 오로지 평생 공부하는 것밖에 없다. 결국 정보 홍수 시대의 전문성이란, '평생 학습을 추구하는 의지와 능력'을 말한다.

올바른 인성을 길러라

남과 더불어 일할 수 있는 능력을 일컫는 인성은 안다고 해서 길러지는 것도 아니고, 하루아침에 이루어지는 것도 아니다. 오랜 노력의 결과다. 그런 점에서 인성도 실력이다.

창의성을 키우려면 가장 먼저 호기심을 자극하라

아이들의 호기심은 자연적으로 발생하는 것이 아니기 때문에 교육을 통해 끊임없이 자극하고 개발해야 한다. 아이들이 주변의 현상에 대해서 자연스럽게 의문을 가질 수 있도록 학부모와 교사들이 분위기를 만들어야 한다.

아이들 스스로가 '왜?'라는 질문에 대한 답을 발견할 수 있는 욕구를 강화해야 한다. 프랑스 과학아카데미 회원인 이브 퀘르 교수는 "과학은 인류의 호기심에서 생겨났고, 아이들의 호기심을 자극하는 것이 결국 창의성을 키우는 길이다."라고 말했다.

세상에 존재하는 모든 것이 지식과 지혜의 재료다. 예일대에 재학 중인

이형진은 학업 외에도 테니스, 바이올린, 디베이트, 뮤지컬 등 수많은 과외 활동을 병행했다. 그 이유를 묻는 질문에 그는 "내가 다재다능하다는 자랑을 하려는 것이 아니다. 그런 활동들을 모두 해 내려면 시간도 부족했고, 여러모로 힘들지만, 돌이켜보면 하나하나의 활동들에서 교과서에서는 결코 배울 수 없는 다양한 정신과 역량을 익힐 수 있었다. 테니스를 치며 근성을 길렀고, 바이올린을 통해 사람들과 함께 어우러지고, 공감하는 능력을 익혔다. 디베이트는 내게 체계적이고 논리적으로 사고하며 말하는 기술을 알려주었다."라고 말했다. 인생에는 버릴 경험이 없다. 실패도 약이 된다는 속담을 상기하자.

지금 겪고 있는 모든 일이 내 인생의 중요한 복선이 될 것이다. 나중에 스토리를 이어갈 때 분명히 쓸모가 있을 것이다.

국·영·수를 버리고 미래 트렌드를 가르쳐라

현재 말레이시아가 정부 예산 연구 프로젝트로 진행하는 신글로벌 커리큘럼은 놀랄 만한 변화다. 유엔미래포럼 말레이시아 대표인 니티 디바 박사는 "앞으로 초·중등학교에서의 교과목을 현재의 국어, 수학, 과학, 생물, 지리 등에서 문제 해결 능력, 의사결정 능력, 비판적인 사고, 창의적인 사고, 의사소통 능력, 팀워크, 리더십 등으로 완전히 바꾸기 위해 대학에서의 전공 과목을 대대적으로 수정하는 작업에 착수했다."라고 말했다.

국·영·수를 버리고 미래 트렌드를 가르치겠다는 것은 교육의 천지개벽을 의미하는 것이다.

2009년에 연구를 시작하여 2015년에 실행할 신글로벌 커리큘럼은 말레이시아, 핀란드 등 몇 개국에서 이미 시행하려는 노력을 기울이고 있다. 이러한 결정은 이제 일반적인 과학, 물리, 생물 등의 지식이나 정보는 인터넷에 널려 있기 때문에 단순한 지식 습득이나 정보 암기는 필요 없어지는 새로운 시대에 적응하려는 노력을 담고 있다.

2015년에 실행할 신글로벌 커리큘럼

1. 질의 응답 및 토론 스킬, 학습과 연구 개발 스킬을 유치원에서부터 기른다.
2. 미래 예측과 연구가 유치원 교육의 커리큘럼에 포함된다.
3. 지속 가능한 발전을 위한 교육, 특히 과학과 수학에 총력을 기울이는 커리큘럼을 마련한다.
4. 세련되고 열정적이며 지구촌의 미래를 지속 가능하도록 하는 창의적인 사고에 중점을 두는 교육을 한다.
5. 정보와 지식을 손쉽게 검색할 수 있는 이동식 기기를 활용하는 교육과정을 만든다. 교육의 목적은 삶의 기술을 배우는 것이므로, 더 좋고 더 빠른 기술이 나오는 상황을 고려하여 학교 교육 기간을 줄이는 데 목적을 둔다.
6. 5세에 유치원, 6세부터 10년 동안 초·중·고등학교를 마치고, 15세에 대

학에 입학하여 4년 과정을 마치면 19세에 대학을 졸업한 후 입직하거나 온라인, 가상현실 교육을 통한 평생 교육을 지속한다. 학생들이 졸업에만 목적을 두는 교육이 아니라 지구촌 10억 빈곤층을 돕는 세계 시민 교육을 목적으로 한다.

7. 초·중·고등학교 시험은 졸업 시험만 보는데, 가령 IB Diploma 같은 것만 보게 하며, 일체의 다른 시험은 없앤다.

학생들이 흔히 말하는 IB(아이비)는 16살부터 19살까지의 학생들을 위한 국제 바칼로레아 디플로마 프로그램(International Baccalaureate Diploma Programme)을 말한다. 국제 바칼로레아 디플로마 프로그램은 2년에 걸쳐 실행하는 고교 과정이며, 매년 5월과 11월에 수능과 같은 개념의 시험이 치러진다. 국제 바칼로레아 디플로마는 75개국에 있는 2,000개가 넘는 대학에서 인정해주고 있다. 영국에서는 대학 지원 시 전공을 공표할 때 국제 바칼로레아 디플로마의 과목을 중시하며, 입학을 허가할 때는 국제 바칼로레아 디플로마 시험에서 최소 몇 점을 받아야 된다는 조건을 제시한다. 미국의 경우, 입시 때는 국제 바칼로레아 디플로마가 크게 작용하지는 않지만 하이어 과목에 한해서는 미국의 대학 과목 선이수제 Advanced Placement(AP)와 동일한 취급을 한다. 한국에서는 서울대학교와 연세대학교 등이 해외에서 고교 과정을 이수한 학생들의 입시 조건으로 인정해준다.

멘토의 한마디

변화는 이미 시작되었다. 놀랄 만한 변화를 꿈꾸는 말레이시아는 수년 전에 수학과 과학을 영어로 가르치기 시작했다. 해킹을 해도 영어로 된 사이트를 해킹해야 하기 때문에 영어로 가르쳐야 한다고 한다. 모든 과학 기술 정보는 사실상 영어로 되어 있기 때문이라는 것이다. 신글로벌 커리큘럼을 보면 미래 교육 방향이 보인다. 이제는 미래가 과거가 되는 사회다. 미래를 미리 예측하고 마케팅하는 시대이다.

tip. 우물 밖 글로벌 스킬을 위한 토의 질문

- □ **1.** 넓은 시야로 세상을 바라보는 능력을 키우려면 무엇을 해야 할까?
- □ **2.** 리더십의 중요성은 무엇이고, 진정한 리더십을 키우려면 무엇을 해야 할까?
- □ **3.** 창의성의 중요성은 무엇이고, 창의성을 키우려면 무엇을 해야 할까?
- □ **4.** 글로벌 인재로 성장하려면 어떤 능력을 키워야 할까?

[키워드 6] 토론식 수업 방식 배우기 6

세계 1위 엑시터에게 토론식 수업 방식을 배워라

"스스로 흥미 있는 분야를 찾고 자기주도적인 학습을 하는 것은 21세기 리더가 되기 위한 필수 조건이다. 학생이 원하는 전공을 스스로 찾아가는 과정을 거치면서 자기주도적인 학습 능력 등을 기를 수 있다. 교육은 영원히 끝나지 않는 과정이다. 학교는 자기주도적으로 사고하고, 스스로 문제를 분석해 해답을 찾아 낼 수 있는 리더를 길러 내야 한다."

_미국의 명문 아이비리그 다트머스대의 제임스 라이트 명예 총장

국·영·수가 아니라 커뮤니케이션 스킬을 길러라

미국이 SAT(수학능력시험)를 서술형 시험으로 바꾸기로 했다. 이로써 경제협력개발기구(OECD) 국가 중에서 선다형으로 입시를 치르는 나라는 한국과 일본 뿐이다. SAT뿐만 아니라 OECD가 주관하는 국제학업성취도조사인 피사(PISA)도 이와 같이 바뀌고 있다. 국·영·수가 아니라 커뮤니케이션 스킬을 평가하는 것이다. 지금은 피사 평가에서 한국이 상위권이지만 앞으로 급격히 떨어질 수 있다. 입시 위주의 교육으로는 글로벌 인재를 양성할 수 없기 때문이다.

강남에서 전교 1등을 하는 암기 수재가 미국의 토론 수업에서 입도 뻥긋하지 못한다는 말을 많이 들어 보았을 것이다. 사교육에 길들어진 한국 수재들이 많은 분량의 텍스트를 읽은 후에 토론해야 하는 미국 토론식 수업에 쉽게 적응하지 못하는 것이다.

강남에 있는 중학교에서 전교 1, 2등을 놓친 적이 없었던 한 학생은 하버드대를 목표로 미국의 명문 사립고교 필립스 엑시터 아카데미(이하 엑시터)에 입학한 후 절망했다. 무엇보다 학생 12명이 원탁에 앉아 각자의 문제 풀이법을 토론하는 수학 수업은 충격이었다. 교사는 문제를 제시한 후 토론을 지켜볼 뿐 암기 천재가 기대한 수업은 하지 않았다. 이 학생은 입도 뻥긋 못했고, 성적은 늘 바닥이었다. 불안, 우울, 자기 혐오로 4년 내내 심리 상담을 받으며, 간신히 고교를 졸업한 그는 우리나라로 돌아와 중상위권 대학에 진학했다. 질문 없는 주입·암기식 교육의 폐해가 외국의 토론식 교육 현장에서 적나라하게 드러난 것이다.

아이비리그 재학생 59.4% '토론 능력이 부족하다'

교육 선진국의 토론식 수업 방식에서 교사는 설명 대신 질문을 퍼붓고 학생들은 대답을 통해 자신의 생각이 맞는지 틀리는지, 자신이 무엇을 알고, 모르는지를 스스로 파악한다. 질문과 토론 과정에서 한국 학생들의 강점인 정답 고르기는 전혀 빛을 발하지 못한다. 뉴스위크 한국판이 2008년 민족사관고 출신 해외 유학생 101명을 대상으로 실시한 설문 조사에서 "토론 능력이 부족하다."라고 답한 학생들이 55.4%나 되었다. 이 중에서 아이비리그 재학생의 응답 비율은 59.4%나 되었다.

세계적으로 교육열이 높기로 유명한 한국 학부모들의 열정은 그야말로 최고다. 현재 미국 명문대에 수학하고 있는 한국 유학생의 수는 출신국별 집계 1~2위를 차지할 정도로 많다. 하지만 고등학교 때 유학을 온 한국 학생들은 처음에는 선행 학습이 잘되어 있기 때문에 두각을 나타내지만 고학년이 되거나 대학에 입학하면 심도 있게 공부한 그곳의 학생들을 따라잡지 못한다. 한국 학생들이 4년 내내 논문, 에세이 작성을 도와주는 개인 교사를 두는 경우도 많다. 최근 한 연구 논문에 의하면 하버드, 예일, 코넬, 컬럼비아 등 14개 미국 명문대에 입학한 한국인 유학생 10명 중 4.4명이 중도 탈락하는 것으로 밝혀졌다.

부모들의 들끓는 교육열, 우리의 교육 방식을 서둘러 바꿔야 하지 않을까?

토론 수업의 원조 엑시터의 원형 책상

미국의 토론식 수업 방식은 미국의 석유 기업가이자 자선 사업가인 에드워드 하크니스가 1930년대에 창안한 학습 방법으로, 미국 보딩 스쿨 최고 명문인 필립스 엑시터 아카데미에서 시작되었다. 221년 전통의 필립스 엑시터 아카데미는 매년 미국 최고의 보딩 스쿨(기숙형 사립 학교)로 손꼽히는 명문 사립고이다.

엑시터의 교육 방식은 한마디로 '원형 책상'이다. 엑시터의 100여 개 교실의 한가운데에는 원형 책상이 놓여 있는데, 이 책상의 이름은 '하크니스 테이블'이다. 하크니스 테이블은 '원탁 토론'이라고도 하며, 학생들이 동그랗게 모여 앉아 서로 질문하고 대답하는 토론 수업을 위해 만들어진 책상이다. 이 테이블에 교사 1명과 학생 12명이 나란히 앉아 이야기하는 것이 수업의 전부다. 엑시터의 토론 수업은 학생들이 동그랗게 모여 앉아 서로 질문하고 대답하는 토론 수업을 통해 학생들에게 토론 주제에 대한 지식을 스스로 깨달을 수 있도록 한다.

엑시터 11학년에 재학 중인 이솔은 "하크니스 테이블은 제가 수학 문제를 다 풀지 못하더라도 칠판에 제가 푼 문제를 올려놓고 '이게 내가 푼 문제야, 하지만 이 부분은 이해하지 못했어.'라고 하면 나머지 학생들은 자기가 알아낸 것을 이야기하고 제가 문제를 풀 수 있도록 도와주는 방식이에요."라고 말했다. 엑시터의 토론식 수업 방법은 미국식 토론 수업 방법의 대명사로 불릴 만큼 보편화된 토론 수업 방법으로 자리 잡았다.

복습은 누구나 하지만 예습은 소홀하다. 수업에 나올 주요 토픽을 파악하고, 인물 사건 용어를 미리 훑어보는 것만으로도 충분하다. 엑시터는 영어 등 인문학뿐만 아니라 과학·수학 등 모든 수업을 토론식으로 진행하기 때문에 학생들이 숙제를 안 해오면 금방 티가 난다. 사전 내용 이해가 필수적이므로 예습이 안 된 학생은 수업을 견뎌 낼 수 없다. 교재 5~30쪽에 달하는 분량을 읽고 포인트를 자기만의 관점으로 정리해 와야 한다. 입학생을 뽑을 때부터 이런 능력을 중점적으로 체크한다. 책 외에도 위인전, 논픽션, 신문 사설, 기초 자료(게티즈버그) 등과 같은 여러 독해 훈련을 통해 독서와 친해지도록 한다. 엑시터에는 중등 교육 기관으로는 세계 최대 규모의 도서관이 있다. 소장 도서만 15만 권이다. 유전학 시간에 어떤 학생은 "≪종의 기원≫에서 읽었는데요."라면서 질문하고, 어떤 학생은 "≪사이언티픽 아메리칸≫에서 읽은 최신 논문 내용과 비슷하다."라면서 질문한다. 아침 식사 때 식당에 가면 진풍경이 펼쳐진다. 거의 모든 학생이 〈뉴욕 타임스〉를 옆에 두고 밥을 먹는다.

시간 관리는 '스터디 스킬'이라는 과목에서 따로 가르친다

엑시터에는 대학처럼 19개 학과가 있고, 350개의 학과목이 개설되어 있다. 인문학의 기본 영역인 언어 영역에서만 31개 언어가 개설되어 있다. 9학년에 54학점을 이수해야 하기 때문에 토요일까지 하루 종일 수업해도 모자란다. 시간 관리가 생명이다. 시간 관리는 '스터디 스킬'이라는 과목에서 따로 가르친다. 어린 입학생들이 부모를 떠나 처음으로 단체 생활을 하기 때문에 공부보다 생활 관리가 더 어렵다. 결국 이를 견디기 힘들어 중도 포기하는 학생이 한 해 입학생 300명 중 5명 정도된다.

엑시터에서는 어떤 난관이 닥치든 곧바로 일어서 다시 도전할 수 있는 강건함을 키워준다. 충분한 수면, 정기적인 운동 등이 학업의 기초가 된다. 엑시터의 모든 학생은 4년간 12학기 중 10학기를 무슨 운동이든 필수로 해야 한다. 적게는 일주일에 네 번, 하루에 한 시간, 많게는 일주일에 두 번, 하루 네 시간씩 스포츠 활동을 해야 한다. 수·토요일은 오전 수업만 하고, 오후에는 스포츠 게임을 한다. 20개 이상의 학교 대표 운동 팀이 있어 하버드-예일전처럼 리그전도 벌인다.

또 대학생과 대학 졸업생을 대상으로 열리던 인턴십 대회가 고교생까지 확대되는 추세에 있다. 봉사 활동도 한 단계씩 밟아 나가야 한다. 9학년 때는 지역 신문사의 기금 모금 이벤트에 참여하고, 10학년 때는 파트타임 경리직으로 근무하며, 11학년 때는 주니어 리포터로 활동해보는 식이다. 어른과 의사소통하는 법도 배우고 조직에 대한 책임감도 배운다. 엑시터에는 70개의 클럽에서 700명이 활동하는데, 그중에서 가장 규모가 큰 것은 'ESSO'라는 봉사 단체다. 한 생물 교사는 안식년 기간에 온 가족과 함께 온두라스 고아원에서 봉사 활동을 한다고 한다.

멘토의 한마디

진정한 교육이란, 예이츠의 시구처럼 '빈 통에 물 채우기가 아니라 불을 밝혀 주는 것'이다.

토론왕을 키우는 '똑똑한 토론의 기술'

토론은 '자신의 주장을 논리적으로 펼쳐 상대방의 주장을 반박하거나 설득하는 과정'을 말한다.

원탁 토론의 순서와 절차(예시)

자기소개_(1분)

:: 자기를 잘 알릴 수 있도록 한다.

1차 발언_(2분 30초)

:: 입론으로 주장과 근거를 말한다. 자신의 의견을 명확히 말한다.

:: "논지는~, 왜냐하면~, 따라서~, 이상입니다."의 순으로 발언한다.

2차 발언_(2분 30초)

:: 주어진 시간 내에서 적절하게 시간을 배분하여 자신이 하고 싶은 질문과 반박을 진행한다. 반론을 할 때는 상대방의 주장에 대한 근거에 바탕을 두고 질문을 한다. 이때 토론의 예절을 지킨다.

:: "1차 발언에서 ~주장을 하셨는데, 저는 그 주장이 ~라는 문제점이 있다고 생각합니다. 그 이유는 ~입니다."의 순서로 발언한다.

3차 발언_(2분 30초)

:: 2차 발언에서 제기한 반론, 질문에 대한 답변과 재반론을 한다.

:: "~라는 주장에 대해서 저는 이렇게 반론하고 싶습니다. ~은 ~입니다. 제 생각의 논거를 뒷받침하는 증거로는 ~가 있습니다."

발언 정리_(1분)

:: 논제에 대한 토론자 자신의 입장을 최종적으로 정리하여 발언한다.

원탁 토론 평가 기준(예시)

1. 주제 이해 능력

- □ 주제(발문)를 잘 이해하고 있는가?
- □ 자신의 주장이 분명하고 논리적인가?

2. 논거 제시 능력

- □ 논거(관련 도서, 기사, 통계 자료 등)를 잘 활용하고 있는가?
- □ 논거가 타당하고 참신한가?

3. 창의적 문제 해결 능력

- □ 주장과 반론이 논리적이며 설득력이 있는가?
- □ 문제 해결 방안이 합리적이고 창의적인가?

4. 토론 태도

- □ 메모하며 진지하게 듣고, 적극적으로 토론에 임하고 있는가?
- □ 발언할 때, 시선, 발음, 목소리의 크기 등이 자연스럽고 적절한가?
- □ 토론자의 의견을 합리적으로 수용하면서 반론을 논리적으로 제기하는가?

tip. 토론식 수업 방식을 배우기 위한 토의 질문

- □ **1.** 질문 없는 주입식 교육, 암기식 교육의 폐해가 무엇이라고 생각하는가?
- □ **2.** 미국 명문대에 재학 중인 한국인 학생들의 중퇴율이 무려 44%인 이유는 무엇일까?
- □ **3.** 말과 글의 힘이 중요한 이유는 무엇일까?
- □ **4.** 글을 폭넓게 읽어야 하는 이유는 무엇일까?

7 [키워드7] 미래형 전형 대비하기

입시의 핵, 자기주도학습 전형에 대비하라

이제 입시는 정보 전쟁이다. 대한민국 입시가 너무 복잡하고 종류도 많아졌다. 가장 큰 변화는 자기주도학습이 입시의 핵으로 떠올랐다는 것이다. 자기주도학습 전형과 입학사정관제가 날로 확대, 시행되고 있다. 미래형 인재의 필수 조건인 자기주도학습 능력을 평가하기 위해서다. '최후에 웃는 자가 진정한 승자'라는 말이 있다. 당장 눈앞의 성적만을 좇아가다가 아이의 자기주도학습 능력을 키우지 못하면, 학년이 올라가면서 홀로 일어설 수 없게 된다. 결국 자기주도학습이 사교육을 이긴다.

고교 입시의 새로운 흐름, '자기주도학습'

자기주도학습 전형이 고교 입시의 핵으로 떠올랐다. 자기주도학습 전형은 외국어고, 국제고, 과학고, 자율형 사립고, 일부 자율학교에 지원하는 학생 전원을 대상으로 한다. 정원의 20%는 사회적 배려 대상자 전형이다. 자율형 공립고, 기숙형고, 일반고는 학교에서 정하는 일정 비율의 학생을 대상으로 한다. 2013학년도에는 자기주도학습 전형 시행 학교가 자율형 공립고, 기숙형고 등으로 확대되었으며, 160개 고등학교에서 실시되었다. 그렇다면 자기주도학습 전형의 핵심은 무엇일까? 그것은 바로 '자기주도학습 능력을 가진 창의적 인재 선발'이다.

교육과학기술부 관계자는 "글로벌 시대는 자기주도적 학습 능력과 잠재력을 가진 창의적 인재를 요구하고 있다. 창의적 인재는 주입식 교육과 의존적인 학습이 아니라, 학생 스스로 문제를 찾아 탐구하고 해결해 나가는 가운데 길러진다. 교육과학기술부는 이러한 능력을 갖춘 학생을 선발하기 위해서 외국어고·국제고, 과학고, 자율형 사립고의 학생 선발 방식을 개선하여 2011학년도부터 자기주도학습 전형을 도입했다. 자기주도학습 전형은 사교육을 통해 '만들어진 스펙'을 갖춘 학생이 아니라, 학교 공부를 충실히 수행한 학생을 선발하기 위해서 도입한 제도이다."라고 말했다.

교육과학기술부는 자기주도학습 전형을 "학생의 자기주도학습 결과와 인성을 중심으로 입학전형위원회에서 창의적이고 잠재력 있는 학생을 선발하는 고등학교 입학 전형 방식이다."라고 정의하고 있다. 여기서 자기주도학습이란, '학생 스스로 자신의 학습 과정에서 주도적으로 목표를 설정하고 이에 따라 학습한 후 스스로 결과를 평가하는 과정을 통해 창의력과 문제 해결력을 향상시키는 것'을 가리킨다.

자기주도학습 전형은 자기개발계획서, 추천서, 학교생활기록부 등을 통해 학생이 얼마나 성실하게 공부를 해 왔고, 목표가 분명한지에 대해 평가한다. 내신 성적도 중요하지만 자기개발계획서의 자기주도학습 영역의 학습 과정 및 진로 계획, 지원 동기, 독서 활동과 인성 영역의 봉사·체험 활동 등 지금까지 어떤 학습 활동을 해왔는지가 합격을 결정짓는다. 예를 들어 2011년 처음 자기주도학습 전형을 도입한 외고 입시에서는 서류에서 영어 내신과 자기소개서, 학업계획서를 반영하는 대신 외부 수상 실적은 배제했다. 또 영어 능력을 평가하는 지필 시험이 사라지고 면접에서 '꿈이 무엇인지' '어떻게 공부해 왔는지' 등을 물어보았다.

초등부터 대비하지 않으면 안 될 자기주도학습 전형

면접의 기초가 되는 학습계획서는 어릴 때부터 분명한 목표를 세우고 체계적인 학습 습관을 통해 자기주도학습을 해온 학생이라면 작성하는 데 큰 무리가 없다. 하지만 학원에 의존하고 스스로 학습이 부족했던 학생이라면 부담스러운 부분이 될 수 있기 때문에 초등학생 때부터 관심을 갖고 이에 대비해야 한다.

자기주도학습 전형의 합격 키워드, 나만의 차별화된 스토리를 만들어라

외국어고 자기주도학습 전형은 1단계에서 영어 내신으로 최종 선발 인원의 1.5배수를 선발하기 때문에 영어 내신 4학기 평균 등급이 합격이 가능한 수준을 유지해야 하고, 진학할 학교와 전공할 언어를 선택해야만 한다. 2단계에서는 서류 평가 및 면접에 집중해야 한다. 1단계를 통과했다는 가정하에 면접에서 경쟁력을 갖출 수 있도록 자기개발계획서를 점검할 때이다. 자기개발계획서에는 솔직하고 구체적인 자신만의 스토리를 담아야 한다. 일반적인 표현이나 문구, 평범한 내용들은 설득력을 얻기 힘들다.

자기주도학습 전형의 큰 변화 '자기개발계획서'

자기개발계획서는 자기주도학습 전형에서 가장 큰 변화가 있었던 부분이다. 2012학년도에는 학습 능력 기술 중심의 '학습계획서'를 제출하였지만, 2013학년도 입시부터는 핵심 인성 요소 평가가 가능한 '자기개발계획서'로 변경되었다.

자기개발계획서의 두 가지 영역

자기개발계획서는 자기주도학습 영역과 인성 영역으로 구분된다. 자기주도학습 영역은 자기주도 학습 과정, 진로 계획 및 지원 동기, 독서 활동을 구체적으로 작성하는 영역이다. 인성 영역은 핵심 인성 요소에 대한 중학교 활동 실적과 이를 통해 배우고 느낀 점을 기술하는 영역이다. 봉사·체험 활동에 국한되지 않고, 중학교 생활 동안 경험했던 모든 활동에서 주변인과 관계되는 배려, 나눔, 협력, 타인 존중, 갈등 관리 등의 핵심 인성 요소와 연관시켜서 작성해야 한다. 부산 외고의 경우 진로 계획, 학습 계획, 독서 활동을 하나로 묶어 1,500자, 봉사·체험 활동을 묶어 인성 영역으로 800자 이내의 자기개발계획서를 작성하도록 했다. 자기개발계획서를 잘 작성하기 위해서는 독서, 봉사 활동, 각종 체험 활동을 일회성이 아니라 지속적으로, 진정성 있게 수행해야 한다. 인성 영역 평가가 강화된 만큼 잘 부각시켜야 한다.

1. 자기주도학습 영역

학습 과정·진로 계획

■ 작성 포인트 : 학습 계획을 세우고, 학습해 온 과정과 이를 통해 느꼈던 점 및 고등학교 입학한 이후의 학습 계획과 졸업 후 진로 계획을 구체적으로 작성

□ 나의 꿈과 비전을 위해 필요한 학습 과정에서 어떠한 노력을 했고, 이를 바탕으로 한 진학 후 학습 계획이 구체적으로 세워져 있는가?

□ 학습과 관련된 학업 우수성과 그 과정에 대해 구체적으로 표현했는가?

□ 학교 활동을 중심으로 한 학업 관련 심화 활동이나 교내 대회 등에 참여한 경험을 담았으며, 장점만 늘어놓기보다는 단점이나 실패를 극복한 사례를 적극적으로 표현했는가?

□ 내가 노력해 온 과정과 계획이 진로와 연관된 것임을 간략하게 표현함으로써 일관성이 유지되도록 작성했는가?

지원 동기

■ 작성 포인트 : 전공 외국어에 관심을 갖게 된 동기와 이를 위해 스스로 노력해 온 과정에 대해 작성

□ 나는 꿈과 미래에 대해 진지하게 고민했는가?

□ 나는 진로에 대한 뚜렷한 목표의식을 갖고 있는가?

□ 고등학교 진학과 관련된 내용뿐만 아니라 가치관, 직업, 목표 대학 및 전공 등 나

의 중·장기적인 로드맵이 표현되었는가?

- □ 진로 목표와 연관된 장기적인 진로 발달 과정에서 자신이 선택한 고등학교와 전공어가 얼마나 중요한 의미를 가지고 있는지 표현했는가?
- □ 나의 합리적인 선택이 행복과 삶에 얼마나 중요한 영향을 미치는지를 보여줌으로써 진로 목표에 대한 의지와 열정을 담아냈는가?

독서 활동

- ■ 작성 포인트 : 초등학교, 중학교에서의 독서 경험과 이를 통해 느꼈던 점에 대해 작성
- □ 독서 활동을 통해 어떤 영향을 받았는지에 대한 나만의 스토리를 표현했는가?
- □ 책 2권을 선택한 이유, 독서 활동 후 지원자가 어떤 영향을 받았느냐를 표현했는가?
- □ 일반적이고 평이한 책보다는 다른 지원자와는 차별화된 자신의 지적 호기심이나 진로 결정 등에 긍정적 영향을 준 책을 선택했는가?
- □ 독서 활동을 통해 어떤 지식이나 가치관을 얻었는지를 표현했는가?

2. 인성 영역

봉사·체험 활동

- ■ 작성 포인트 : 봉사·체험 활동 과정에서 느낀 점과 향후 봉사·체험 활동 계획 작성
- □ 봉사·체험 활동 경험이 나에게 어떤 영향을 주었는가?
- □ 배려, 나눔, 타인 존중, 갈등 관리 등에 관한 경험과 느꼈던 점을 구체적으로 작성했는가?
- □ 다양하고 적극적인 학교 활동을 통해 건강한 가치관과 남을 배려하는 마음을 키워왔는지를 보여주었는가?
- □ 봉사 및 체험 활동의 내용을 설명하기보다는 봉사, 체험에 대한 의미에 집중했는가?
- □ 활동에 대해서는 간략하게 설명하고, 구체적인 활동 목적과 동기, 활동을 통해 자신의 진로 발달과 학업 발달에 도움이 된 내용을 중심으로 작성했는가?

Special Page

"자기주도학습의 5가지 전략과 4가지 유형"

1. 자기주도학습자로 변화하는 5가지 전략

전략 1 공부에 대한 마음 자세부터 바꿔라

성공하는 전략을 세우기 위해서 우선 공부라는 주제를 대하는 시각부터 180도 뒤집어보도록 하자. 의도적으로 '나는 똑똑하다'는 자신감을 갖고 마음 자세부터 바꾸는 것이 중요하다. 그런 다음, 자신이 원하는 성적을 과목별로 구체적으로 적어 놓고, 매일 이를 보면서 목표 의식을 갖는 것이 필요하다.

전략 2 능동적으로 공부하라

학습 능력 향상 실험에 의하면 앉아 있을 때보다 서 있을 때 기억력이 10% 향상되고, 큰 소리를 내어 읽으면 기억력이 최고 400%나 향상된다고 한다. 그러므로 공부를 할 때는 능동적으로 하도록 한다. 수업 내용은 코넬 노트 기법을 이용하여 요점과 키워드 등을 4색 볼펜으로 입체적으로 정리한다. 노트의 왼쪽에는 질문, 오른쪽에는 그에 대한 답안과 요약 내용을 하단에 정리한 후에 복습하면서 시험 준비를 한다.

전략 3 나만의 맞춤 학습 플랜을 찾아라

사람에 따라 효과적인 공부 방법이 다르기 마련이다. 효과가 있는 공부 방법을 시도해보면서 자기에게 맞는 '맞춤 학습 플랜'을 세우도록 한다.

성적 향상을 위한 5가지 공부 비결

1. 자기 방 책상 위, 부엌 식탁 위, 도서관 등 공부하는 데 적절한 장소를 정해 매번 같은 장소에서 공부한다.
2. 하루 일과 중 가장 효과적인 시간을 선정한 후, 매일 같은 시간에 공부하도록 한다. 방해를 가장 적게 받고, 집중해서 공부할 수 있는 시간대를 고른다.

3. 텔레비전 등과 같이 공부에 방해되는 것은 모두 치워버린다. 음악도 끄고, 전화는 공부하는 시간 동안에는 받지 않는다.
4. 어려운 것부터 공략한다. 하기 싫은 과제나 과목이 있다면 그것부터 먼저 해결하도록 한다.
5. 복습을 철저히 한다. 학교에서 내준 숙제만 하는 것이 전부는 아니다. 그날 노트 정리한 것을 복습하는 것도 숙제 플랜 중 하나로 첨가한다. 노트 복습은 하루 불과 몇 분만 투자하면 충분하며, 나중에 시험 볼 때는 큰 차이를 만들어 낸다.

자기주도학습이나 숙제를 하려고 책상 앞에 앉았을 때는 가장 먼저 시간을 어떻게 배분할 것인지를 정한다. 과제당 시간을 배정하고 그 일정에 맞춰 진행한다. 마라톤식으로 한 번에 너무 오랫동안 공부나 숙제를 하는 것은 피한다. 너무 장시간 공부를 하는 것은 학습 능률이 안 오르는 비효율적인 방법이라는 것을 명심해야 한다.

전략 4 시간을 관리하라

성적을 향상시킬 수 있는 습관을 기르는 데 있어 가장 중요한 것은 '시간 관리'다. 교육 전문가들이 공통적으로 제시하는 시간 관리 7가지 전략은 다음과 같다.

시간 관리 7가지 전략

1. 등교 시간, 하교 시간, 숙제하는 시간, 자기주도학습 시간, 집안일을 돕는

시간 등 매일 일과표를 세운다. 이렇게 하면 자유 시간을 얼마나 가질 것인지를 생각하게 되고, 모든 일을 소화해 낼 수 있는 일정을 세울 수 있게 된다.

2. 하고 싶은 일의 리스트를 만든다. 만일 할 일 없이 빈둥빈둥 텔레비전을 보고 있다면 이 리스트를 꺼내어 보면서 생산적인 일을 찾아 시간을 투자한다.
3. 하고 싶은 일에 대한 목표를 세운다. 목표는 구체적일수록 좋다. 목표가 구체적이면 달성하는 것도 더 쉬워진다.
4. 자신이 하고 싶은 일, 해야 할 일을 항목별로 구분하고, 우선순위를 정한다.
5. 할 일이 있으면 그 일을 얼마 만에 끝낼 것인지를 미리 정하고, 반드시 그 시간 안에 끝내도록 한다.
6. 셀프 다이어리를 이용하여 자기가 해야 할 일을 적은 후 점검하도록 한다.
7. 하루에 매일 규칙적으로 하는 일을 많이 만든다. 자신이 해야 할 일과 언제 해야 하는지가 명확해지면 더 많은 목표를 소화해 낼 수 있다.

전략 5 부모가 아이의 공부 멘토가 되라

자기주도학습법은 고기잡이에 비유할 수 있다. 자녀를 진정으로 사랑한다면 고기를 직접 잡아주기보다 고기를 잡는 방법을 가르치라는 것이다. 고기를 잡을 수 있는 능력이 바로 최근의 교육 이슈인 자기주도학습법의 관건이다. 부모가 보호자가 아닌 공부하는 방법과 습관을 기르도록 도와주는 조력자가 되어야 한다. 학교 공부에 관심이 많은 부모를 둔 아이들이 성적도 좋고 성취 동기도 높다는 점에서 알 수 있듯이 아이가 올바른 학습법을 습관화하는 데는 부모의 지원이 중요하다. 아이를 하루아침에 스스로 공부하도록 돕기는 어렵다. 아이의 수준이나 습관에 맞춰 방식을 달리해야 한다.

이제까지 남이 짜준 계획대로만 공부해 온 학원 의존형인 경우는 자기주도형 학습 습관을 하루아침에 가지게 하기는 어려울 것이다. 스스로 공부하는 습관을 가질 때까지 조력자의 지속적인 도움이 필요하다. 가장 훌륭한 공부 멘토이자 조언자는 '부모'이다. 부모는 자녀가 자기주도학습 전략을 실천하여 공부에 대한 자신감을 갖고 앞서가도록 도와야 한다. 우수한 학생이 되는 가장 큰 비결은 자기주도학습 전략에 달려 있다는 것을 명심하고, 작은 것부터 실천하도록 하자.

2. 학습 스타일에 따른 자기주도학습 4가지 유형

유형 1 공부할 마음이 없고 공부하는 방법도 모르기 때문에 시켜도 놀기만 하는 아이

이런 아이들에게는 숙제를 다 하는 것에 중점을 두어 지도해야 한다. 능력이 없어서 못하는 경우라면 야단을 치면 안 되고, 하나하나 가르치면서 끝마칠 때까지 점검하는 정성과 끈기가 필요하다.

유형 2 공부할 마음은 있지만 방법을 잘 모르는 아이

숙제를 하더라도 양보다 질에 신경을 쓰도록 가르친다. 숙제 이외에 예습·복습하는 것도 가르쳐 성취감을 조금씩 느끼도록 유도해야 한다.

유형 3 공부하는 방법도 알고, 혼자서도 잘하면서 공부하기 싫어서 꾀를 부리는 아이

마음만 먹으면 잘할 수 있는데도 적당히 넘어가려고 하기 때문에 습관을 가질 때까지 지속적으로 도와주어야 한다. 이런 아이들에게 지시나 강요를 하면 도리어 반발을 하게 된다. 아이와 함께 '어떻게 하면 스스로 공부할 수 있을까?'에 대해 의논을 하는 등 대화를 많이 나누어 신뢰를 형성하는 것이 좋다.

유형 4 스스로 공부하는 습관이 되어 있는 아이

이 경우에는 굳이 간섭할 이유가 없기 때문에 위임해주면 된다. 다만 방임 상태로 놓아 두어서는 안 된다. 학원을 보내 무슨 공부를 하고 있는지도 모르는 상태로 두는 것이 방임이다. 혼자 공부하도록 놓아 두되, 최소한 무슨 공부를 하고 있는지는 부모가 챙겨야 한다는 것이다.

공부 꿈 미래 왜?

2부

과목별 만점공부법으로 가는 자기주도학습의 비밀

1 영어 완성의 비밀은 노출과 경험에 있다

박지영이 밝힌 '영어 표현력'의 비밀

박지영은 중2 때 미국 ETS로부터 토플(TOEFL) 시험, 듣기·문법·독해·작문의 4개 영역에서 만점이 명기된 성적표를 받았다. 박지영은 영어 사교육을 전혀 받지 않은 상태에서 영어 동화와 소설을 많이 읽었다. 영화를 보면 영어 원작을 찾아보는 등 다양한 시청각 교재를 활용했다.

박지영은 "영어책이든 한국어 책이든 즐겁게 읽고 많이 표현해보아야 한다."고 말했다. 독서를 통해 간접 경험을 많이 쌓고 사고의 수준을 높이면, 영어로 표현할 수 있는 지식과 감성이 훨씬 풍부해진다는 것이다. 박지영은 정기고사에서 전교 1등을 차지하는 등 전 과목에서 최상의 실력을 보였다.

박지영의 성공 전략 3가지

01 : 다양한 시청각 교재 활용 :

다양한 시청각 교재를 활용했다.

02 : 많이 표현해보기 :

영어책이든 한국어 책이든 즐겁게 읽고 많이 표현해 보았다.

03 : 적극적인 독서 활동 :

독서를 통해 간접 경험을 많이 쌓고 사고의 수준을 높였다.

정철희 교수의 **어드바이스**

영어 말하기에 필요한 것은 '시간'과 '용기'다

영어 말하기에 필요한 것이 무엇인지, 김현수의 성공 사례를 통해 알아보자. 대원국제중학교 3학년인 김현수는 영어 사교육을 받거나 외국에서 공부한 경험이 없는 '토종 국내파'이지만 영어 인증 시험인 iBT 토플, 토익, SSAT 시험에서 모두 만점을 받아 '영어 천재'로 통한다. 필자는 KBS 2 텔레비전 여유만만 '엄마표 영재 교육'에서 김현수의 공부법, 어머니 이우숙의 교육법을 컨설팅한 경험이 있다.

토플 만점의 비결은 '어릴 때부터 영어 일기를 써온 습관 때문'

김현수는 4살 때 영어로 쓴 일기를 책으로 펴내고 방송 영어 프로그램에 출연하는 등 어릴 때부터 '영어 신동' 소리를 들으며 자랐다. 영어능력평가시험인 텝스(TEPS) 1+급(961점), 한국영어검정(TESL) 국가공인 1급, PELT 1급을 받은데 이어 최근까지 각종 국·내외 영어경시대회, 영어토론대회, 영어 말하기 대회에서 대상을 휩쓸었다.

일주일에 두 번 이상 일기를 썼다는 김현수는 "일기는 배운 모든 것을 연습할 수 있는 좋은 기회"라고 말했다. 이런 경험이 밑바탕이 되어 지난해 'The World Scholar's Cup 대회'에서 대회 최초 만점으로 쓰기 부문 챔피언상을 받았다. 말하기 대회에서도 '챔피언'이 된 경험이 있는 김현수는 한국인들이 가장 두려움을 느끼는 '말하기'에 필요한 것으로 '시간'과 '용기'를 꼽았다. "발음은 별다른 비법도 공략 방법도 없다. 귀에 많이 퍼부어야 입으로 나온다. 무조건 무식하게 입으로 많이 중얼거려보는 것이 중요하다."라고 강조했다.

김현수 어머니의 교육법

1. '태교 때부터 영어로' 영어의 생활화

태교로 영어책을 큰소리로 읽고, 태어나면서부터 아이에게는 늘 한국어와 영어를 같이 사용했다. 카세트 테이프와 영어 방송을 통해 원어민 음성을 많이 들려주었다. 특히 무슨 행동을 할 때 본인의 행동을 영어로 표현해주었고, 브루마블 같은 게임을 할 때는 영어로만 이야기하도록 했다.

영어 비디오 매일 틀어놓기

- 한글 자막을 가려주고 영어 자막은 그냥 두었다. 아이가 비디오 내용을 다 이해했는지 확인하고 나면 다음 레벨로 넘어가도록 했다.

쓰기는 한글부터 가르치기

- 어릴 때는 아이가 손에 힘이 없어서 연필을 잘 쥐지 못하니까 쌀알을 가지고 글자를 쓰며 놀게 해주었다. 쌀알로 글자를 배열하면서 익히도록 했다. 손이랑 뇌가 연결되어 있어서 손을 사용하면 더 잘 기억하는 것 같았다. 알파벳은 광고와 텔레비전을 보며 같은 알파벳을 찾게 해주고 큰 달력으로 카드를 만들어 알려주었다.

2. 딸과 외출할 때 항상 한영, 영한사전 들고 다니기

어느 날 딸이 길에서 아주 큰소리로 부동산이 영어로 뭐냐고 물어보았을 때 잘 몰라서 당황한 적이 있다. 그 이후로는 반드시 가방에 사전 두 권을 넣어 다녔다.

3. 4살 때부터 영어로 일기 쓰는 습관 길러주기

일종의 그림일기다. 영어를 잘하려면 말하기, 쓰기, 듣기 모두 되어야 한다고 생각해서다. 스케치북에 오늘 한 일을 그림으로 그리게 하고, 그림 밑에는 내용을 설명하는 글을 적도록 했다.

4. 책상 위 독서할 책은 5권씩만 배치하기

전집이 있으면 산만할 것 같아서 다 보고 나면 새로운 것을 보여주도록 5권씩만 세팅했다.

5. 영어 관련 각종 시험과 대회에 많이 참여하기

학원이나 사교육을 따로 시키지 않았고 아이가 객관적으로는 어느 정도 잘하는지를 알아야 그 다음 레벨로 나갈 수 있다고 생각했기 때문에 각종 대회나 시험에 참여시켰다. 결과가 나빠도 혼내지 않고 격려해주었다.

6. 회화 실력을 키워주기 위해 외국인이 많은 곳에 나들이 가기

명절과 같이 특별한 날, 아이에게 한복을 입혀서 외국인이 많이 오는 장소인 이태원, 민속촌, 경복궁에 데리고 갔다. 아무래도 아이가 먼저 외국인에게 말을 걸기 쉽지 않으니까, 외국인들이 자연스럽게 먼저 말 걸어올 수 있도록 생각해 낸 방법이다. 자연스럽게 회화 연습이 되었다.

사교육 없이 최연소 토플 120점 만점, 성휘연(대원국제중1)

외국에서 공부한 아이들도 고득점을 얻기가 어려운 토플 시험. 국내파 13살 여중생이 영어 사교육 없이 집에서의 꾸준한 독서만으로 지난 8월 최연소 만점을 기록했다. 시험에 관심이 없던 성휘연이 토플을 보게 된 데는 일종의 라이벌 의식이 작용했다. 당시 13세였던 학교 선배 김현수가 최연소 만점자라는 이야기를 들은 성휘연은 경쟁심이 발동해 응시를 결심했다고 말했다.

토플 만점의 비결 '영어 소설 꾸준히 읽기'

성휘연 어머니는 "아이가 영어 과외를 받아본 적도, 흔한 토플 문제집을 풀어본 적도 없다. 책을 엄청 읽는다는 것 말고는 만점 비결이 없다."고 말했다. 성휘연은 영어 소설책을 한 달에 10권 이상씩 즐겨 읽고, 미국 드라마를 보거나 팝송을 듣는 것도 좋아한다. 성휘연 어머니는 "책을 가까이 하도록 갓난아이 때부터 영어 동화책을 많이 읽어주었고, 회화 실력을 키울 수 있도록 미국 영화와 드라마 DVD를 보여준 것이 효과가 컸다. 휘연이가 미국 드라마를 보면서 밥 먹는 것을 제일 좋아한다. 거의 매일 한 편씩 시간을 정해놓고 보다 보니 말하고 표현하는 능력이 눈에 띄게 좋아졌다."고 말했다.

다른 학생들은 시험에 맞춰서 단어집을 외우고 공부를 하는데 성휘연은 책을 많이 읽다 보니 문맥을 통해 의미를 파악한다.

tip. 성휘연이 토플 만점을 받기까지의 과정

생후 6개월

1. 어머니가 영어로 된 그림책 읽어주기

2. 우리말로 뜻을 설명해주지 않고 같은 책 반복하기

3. 원어민 발음이 담긴 오디오 책을 택해 함께 듣기

말문이 트이기 시작할 때

1. 오디오 들으며 어머니 따라 영어 읽기

2. 한국어 책읽기를 병행하며 꾸준히 반복하기

초등학교 입학 이후

1. 해리포터 원서를 읽을 수 있는 수준 도달

2. 미국 드라마·영화 즐겨 시청하기

3. 공부를 한다기보다는 즐기는 마음으로 영어책 다독하기

4. 독서 후 줄거리 요약하며 짧은 감상평 쓰기

2

영어 완성의 비밀 '아침을 영어와 함께하라'

김소라가 밝힌 '아침 영어'의 비밀

김소라는 중학교에 올라오면서 오전 7시에 일어나자마자 CNN을 시청했다. 김소라는 집을 나서는 8시까지 등교 준비를 하면서 귀로는 CNN을 들었다. 처음에는 하나도 이해하지 못했다. 한 달이 지나니까 학교에서 배웠던 단어가 들리기 시작했다. 국내에서도 잘 알려진 해외 뉴스가 나올 때면, 국내 뉴스와 비교하며 같은 내용을 영어로 어떻게 표현하는지를 익혔다. 김소라는 "3년을 그렇게 하니 화면을 보지 않아도 뉴스의 70%쯤을 이해할 수 있게 되었다."고 말했다.

고등학교에 올라가자 CNN을 볼 여유가 없어진 김소라는 등·하교 시간마다 라디오 방송 '굿모닝 팝스'를 듣거나 MP3로 녹음한 영어 듣기 파일을 들었다. 영어 듣기 파일 같은 경우, 여러 개를 듣기보다는 하나를 반복하여 들었다. 김소라는 "등·하굣길을 합치면 총 1시간 20분인데, 요즘 듣는 해커스 토플 LC(Listening Course)는 첫 부분을 거의 외운다."고 말했다.

김소라의 성공 전략 3가지

01 :매일 아침 7시:

오전 7시에 일어나자마자 CNN을 시청했다.

02 :3년 지속의 힘:

3년을 그렇게 했더니 뉴스의 70%쯤을 이해할 수 있게 되었다.

03 :자투리 시간:

등·하교 시간마다 MP3로 녹음한 영어 듣기 파일을 들었다.

정철희 교수의 **어드바이스**

매일 정해진 시간에, 꾸준하게 들어라

영어는 매일 조금씩 꾸준히 하는 것이 가장 중요하다. 학습 습관을 만드는 21일 법칙의 대원칙은 '매일, 조금씩, 일정한 시간에, 일정한 장소에서, 일정한 학습량을' 자기주도적으로 학습해 나가는 것이다. 매일 같은 시간에 같은 방식으로 실천하면, 습관으로 자리 잡게 된다.

영어 듣기에 특별한 노하우 같은 것은 없다. '반복과 노력'이 유일한 해결책이다. 초3을 대상으로 영어 수업 시간에 반복하여 듣기를 훈련시키는 실험을 했는데, A반은 10번씩, B반은 5번씩, C반은 1번씩 8주 동안 들려주었다. 그 결과 A반은 90%의 청취력이, B반은 60%의 청취력이, C반은 40%의 청취력이

향상되었다. 반복적인 듣기 훈련만큼 큰 효과를 거두는 것은 없다.

영어 듣기 평가에 대비하는 가장 확실하고 효율적인 방법은 '매일 정해진 시간에, 정해진 분량을, 꾸준하게 듣기'이다. 당장은 좋은 성적이 나오지 않더라도 포기하지 말고 매일 10~20분씩 꾸준히 영어 듣기 연습에 시간을 투자해야 한다. 듣기를 잘하려면 영어라는 언어에 많이 노출되어 귀가 뚫려야 하는데, 그러기 위해서는 매일 일정한 시간을 듣기 공부에 투자하는 것이 가장 좋다. 힘이 약한 사람이 의욕만 넘친다고 갑자기 나무를 뽑을 수 있는 것이 아니다. 꾸준히, 그리고 오랫동안 자신을 다진 후 어느 정도 힘이 생겨야 뽑을 수 있는 것이다.

쉬는 시간, 교통수단을 타고 이동하는 시간 등 시간이 날 때마다 자신의 수준에 맞는 교재와 테이프를 정해 놓고 꾸준히 듣는 것이 좋다. 듣기 훈련의 핵심은 반복이다. 자투리 시간도 알뜰하게 활용해야 듣기를 잘할 수 있다.

성공학의 대가 '브라이언 트레이시'에게 영어를 잘하려면 어떻게 해야 하는지를 묻자 "캐나다와 미국에 사는 많은 한국인들이 유창한 영어를 구사한다. 유창한 영어 실력을 키우는 것이 쉽지는 않지만 분명히 가능한 일이다. 꾸준히 열심히만 하면 모든 언어는 배울 수 있다. 매일 연습하고 꾸준히 노력하면 유창한 영어를 할 수 있게 될 것이다."라고 말했다. 브라이언 트레이시는 "정신적인 습관과 삶의 방향을 바꿀 수 있는 가장 강력한 21일 법칙을 실천해 보라."고 조언했다. 일단 작은 것부터 시작해보자. 작은 산을 자주 오르다 보면 어느덧 높은 산에 올라 있는 자신을 발견할 수 있을 것이다. 작심 21일이 나의 미래를 바꾼다.

tip. 효과적인 듣기 공부법

❶ **매일 듣기**

□ 듣기는 한 번에 많이 듣는 것보다 매일매일 일정 시간 동안 꾸준히 듣는 것이 좋다.

❷ **반복해서 듣기**

□ 100% 가깝게 들릴 때까지 지속적으로 반복한다.

❸ **집중해 듣기**

□ 짧은 시간이라도 집중해서 한 단어 한 단어를 듣는다.

❹ **받아쓰기**

□ 정확한 듣기 능력을 키울 수 있는 방법이다.

❺ **따라 말해보기**

□ 들은 것과 내가 말하는 것의 차이를 느낄 수 있으며, 듣고 말하는 연습의 효과를 동시에 얻을 수 있다.

3

영어 정복의 숨은 비밀,
'하루 20분씩 꾸준히 원서 읽기'

홍상빈이 밝힌 '영어 읽기'의 비밀

민사고 국제반을 졸업한 홍상빈은 미국 대학 정시 모집에서 미국 듀크대, 브라운대, U.C 버클리 등에 동시 합격했다.

해리포터를 10번 정도 반복해 읽으면서 영어에 대한 감(感)을 잡았다. 처음에는 모르는 단어가 나오면 건너뛰면서 읽었고, 두 번째는 사전을 찾아가면서 읽었다. 영어 성적을 높이려면 책 읽기와 영어 일기 쓰기가 가장 효과적이다. 한 달에 소설 원서를 8권 정도 읽었다. 매일 영어 일기를 썼고, 방학 때 영어 소설을 쓴 경험이 SAT나 대입 지원서 에세이 작성에 큰 도움이 되었다.

홍상빈 어머니는 "어려서부터 학원에 보내지 않고 반복 학습을 많이 시켰다."고 말했다. 6살 때 월드디즈니 비디오를 반복해서 보여주었고, 밥을 먹을 때는 영어 동화 테이프를 들려주었다고 한다. 식탁에 앉아서 책을 읽히는 습관도 들였다. 7살 때 위인전 60권을 읽었다. 홍상빈은 "퀴리부인 위인전을 읽으면서 내 관심 분야가 과학 분야라는 것을 알게 되었다."고 말했다.

홍상빈의 성공 전략 3가지

01 :영어책 읽기:

한 달에 소설 원서를 8권 정도 읽었다.

02 :영어 소설 쓰기:

영어 소설을 쓴 경험이 에세이 작성에 큰 도움이 되었다.

03 :자기주도 반복 학습:

학원에 보내지 않고 반복 학습을 많이 시켰다.

정철희 교수의 **어드바이스**

영어 원서 읽기 습관을 가져라

하루 20분씩 꾸준히(20~30minutes EVERY DAY) 원서 읽기

영어 원서를 통해 많은 영문을 읽는 습관을 가지는 것이 영어의 장벽을 뛰어 넘는 유일한 길이다. 영어 원서 읽기는 어휘력과 문법 지식을 확실하게 다져주고, 읽기 속도 역시 빠르게 향상시켜준다. 어느 외대 교수는 "실제로 하루 20분씩 꾸준히(20~30 minutes EVERY DAY) 원서 읽기를 하면 1년 이내에 원어민과 같은 수준의 읽기 속도와 이해력을 얻을 수 있다."라고 말했다. 참고로 이상적인 읽기 속도는 분당 약 180개 단어다. 우리나라의 중·고생 평균 읽기 속도는 분당 70개 정도다. 원서 읽기에서 가장 중요한 것은 재미있고(Interesting),

내 영어 실력보다 조금 쉬운(Easy) 영어 원서(Books)를 매일 꾸준히(Every Day) 읽는 것이다.

요즘 말하기와 쓰기가 강조되고 있지만 영어 시험은 여전히 짧은 시간 안에 지문을 이해하고 문제를 풀어야 하는 영문 독해 형식의 문제가 대부분을 차지한다. 영어 원서를 읽는 습관이 길러지면 독해 문제에서 모르는 단어가 나와도 문맥의 흐름을 짚어 단어의 뜻을 유추할 수 있는 내공이 생기게 된다. 영어 원서를 읽는 과정에서 여러 형태의 문장을 익히고 반복되는 문장 구조와 어휘를 접함에 따라 굳이 외우려 하지 않아도 자연스럽게 영어에 익숙해진다.

영어 원서 읽기에 성공하려면 모르는 단어가 나왔다고 해서 읽기를 멈추고 사전부터 찾아보아서는 안 된다. 이렇게 하면 읽는 흐름이 끊어진다. 또 독해력을 키울 수도 없다. 모르는 단어가 있다면 문맥 속에서 단어의 의미를 추측하고 그냥 넘어가는 것이 좋다. 처음에는 힘들고 '장님, 코끼리 만지기'처럼 헤매는 것 같지만, 이런 과정을 반복하면 문장과 단어의 이해력이 향상된다. 즉 영어의 감을 잡게 되는 것이다. 모르는 단어는 연필로 표시해 놓았다가 책을 끝까지 읽은 뒤, 사전을 찾아 자신이 짐작했던 의미와 비교해보는 것이 좋다.

다독(extensive reading)을 한 사람은 당해 낼 재간이 없다

책을 든 손이 이긴다. 국어나 영어나 마찬가지다. 한 중학교 영어 교사는 중3이 되는 딸의 성공 사례에 주목했다. 딸은 다독을 통해 영어를 깨우쳤다. "여섯 살 때부터 영어 책을 많이 읽을 수 있는 환경을 만들었어요. 알파벳도 가르치지 않았고, 학원 한 번 보낸 적이 없지만 어느 순간 어려운 단어를 척척 알고 영어로 의사 표현을 하더라고요."

다독을 통해 영어에 많이 노출되면 언어의 네 가지 기능을 고루 발달시킬 수 있다. 다독이라는 읽기 활동은 결국 말하기·듣기·쓰기 등의 다양한 능력을 키우는 통합적 학습에도 기여한다. 학생들이 중학교 3년 동안 영어 교과서를 통해 읽는 독서량은 얇은 영어 원서 한 권 분량에 불과하다. 이를 미국 학생들의 독서량과 비교해보면 외국어로 영어를 공부하는 우리 학생들의 읽기 분량은 절대적으로 부족하다는 것을 알 수 있다. 교과서와 문제집에 나온 지문을 읽어서는 학교 시험 성적을 올릴 수 있을 뿐, 영어 실력을 키우는 데는 도움이 되지 않는 셈이다.

다독을 시작할 때는 수준별로 구성된 시리즈물을 활용하는 것이 좋다. 이런 책들은 어휘의 난이도에 따라 수준이 달라지는데, 쓰이는 어휘를 책 전반에 걸쳐 통제하기 때문에 책 한 권을 읽으면 어휘의 다양한 쓰임새를 학습할 수 있다는 장점이 있다. 책의 성격에 따라 시제·가정법·조동사 등 특정 문법을 집중적으로 접할 수 있기 때문에 문법을 자연스레 배우는 데도 도움이 된다.

영어 원서라고 하면 국내 출판사의 영어 문고판을 생각하는 사람이 많은데, 요즘에는 다양하고 재미있는 영어 원서가 많이 나와 있다. 특히 청소년이 좋아할 만한 내용을 담고 있으므로, 딱딱한 교과서 본문에서는 느낄 수 없는 흥미를 준다. 영어는 정독과 다독이 함께 이루어져야 한다. 정독을 통해 정확한 표현을 배울 수 있다면, 다독을 통해서는 다양한 문체와 어휘를 획득할 수 있다.

읽고 또 읽어라. 그러면 영어가 뚫린다. 읽기를 많이 하다 보면 어휘 문제도 자연스럽게 해결된다. 항상 읽을거리를 가지고 다니면서 반복 연습해야 한다. 특히 문장이 만들어지는 방식과 논리, 패턴을 생각하면서 읽어야 한다. 읽기 속도를 높이고 싶다면 1분 동안 읽은 단어 수를 확인한 후 책의 밑 부분에 기록하는 '1분 리딩 훈련'을 꾸준히 하도록 한다. 이 훈련은 분당 읽는 단어 수를 점차 늘려 나가는 것이 핵심이다.

최상위 0.1% '영어 정복' 이야기

● 하루도 거르지 않고 영어 소설을 읽었다. 장르를 가리지 않았고, 영어로 된 동화책이든 신문이든 활자로 된 것이라면 닥치는 대로 읽었다. 이미 알고 있는 동화 내용을 영어 비디오로 본 후 영어로 된 동화책을 읽었다. 이런 방법을 통해 영어 감각을 자연스럽게 익혔다. 따로 문법을 공부하지 않고도 영어 어순이나 문장 구조를 깨우쳤고, 억양이나 강세도 익힐 수 있었다.

● 영어책을 읽을 때 모르는 단어는 단어장에 정리해 두었다. 한 손으로 쥘 수 있는 작은 수첩에 왼쪽에는 영어 단어를, 오른쪽에는 뜻을 적고, 한 단어와 연관된 단어도 모두 적어 놓았다. 이를테면 책 내용에서 '부엌'이라는 영어 단어를 몰라 단어장에 적어 두었다면 이것과 관련된 도마, 칼, 냄비, 그릇, 식재료 등을 모두 적어 외우는 식이다.

● 영어 듣기에 특별한 노하우 같은 것은 없다. 영어에 몸이 반응하려면 영어 발음에 익숙한 체질이 되어야 한다. 그러기 위해서는 영어의 속도와 억양에 꾸준히 노출될 필요가 있다. 잠자기 전, 그리고 일어나자마자 영어 테이프를 듣기 시작했다.

● 영화로 영어를 공부한다. 영화 대본과 해설, 영화 대사 MP3가 함께 담긴 스크린영어사 책을 자주 본다. 영화를 한 번 보면서 내용을 파악한 후 한 달 동안 매일 등하교 시간에 영화 대사 MP3를 반복해서 듣는다. 한 달 후 대사가 어느 정도 귀에 익으면 그때 대본을 보면서 '이 말은 이런 뜻이구나', '내가 제대로 듣지 못한 문장이 이것이었구나', '이럴 때는 이렇게 말하는구나'하고 깨닫게 된다. 그 다음에는 대사를 외울 정도로 반복해서 따라 말하며 공부한다.

수학에서 가장 중요한 것은 '생각하는 힘'

4

유진선이 밝힌 '수학 정복'의 비밀

유진선은 방과 후 자율 학습에 가장 많은 공을 들였다. 유일하게 다니던 수학학원도 고3이 되면서 과감하게 끊었다. 그는 "기본 개념마저 잡혀 있지 않은 경우에는 학원이 도움이 되겠지만, 그렇지 않다면 혼자 공부하는 것이 훨씬 낫다."고 말했다. 수업이 끝나는 오후 6시부터 10시까지 매일 4시간 동안 국·영·수 주요 과목을 공부했다.

수능 수리 영역은 원리 이해가 중요하다고 생각하여 정석의 개념 설명을 반복해서 읽어 완전히 내 것으로 만들었다. 고3 때는 EBS를 중심으로 문제집 풀이에 집중했다. 그는 "문제집을 많이 푸는 것보다 틀린 문제를 따로 정리해 내 약점을 파악하는 것이 중요하다."고 말했다. 고등학교 3년 내내 오답 노트를 만들어 수능 직전에 집중적으로 보았다. 스스로 약하거나 중요하다 싶은 단원은 아예 개념 정리 공책을 만들었다.

유진선의 성공 전략 3가지

01 :자기주도학습:

혼자 공부하는 것이 훨씬 낫다.

02 :개념 설명 반복 읽기:

개념 설명을 반복해서 읽어 완전히 자기 것으로 만들었다.

03 :오답 노트

틀린 문제를 따로 정리 하여 내 약점을 파악하는 것이 중요하다.

정철희 교수의 **어드바이스**

수학을 정복하려면 꾸준히 노력하라

수학에서 가장 중요한 것은 '생각하는 힘'이다. 생각하지 않으면 사고력은 늘지 않는다. 사고력은 문제를 잘 푸느냐, 못 푸느냐와는 상관없다. 지금은 문제를 잘 풀더라도 사고하지 않으면 자기주도적으로 사고하는 사람을 이길 수 없다. 수학은 생각하는 사람만이 정복할 수 있다.

우리는 왜 수학을 배우고 가르치는가?

우리는 일상생활 속에서의 필요에 의해 수학을 배운다고 할 수 있다. 이것은 도구로서의 수학 사용을 말하며, 우리 생활과 가장 밀접한 연관을 맺고 있는

것이기도 하다. 하지만 무엇보다 중요한 점은 수학적인 사고는 세상을 보는 안목을 키워준다는 것이다.

꾸준히 노력하라

최근 고1 때 하위권이었지만 대학 수학능력시험에서 상위권으로 성적을 향상시킨 1,001명을 대상으로 실시한 어느 설문 조사한 결과 두 가지 공통점을 발견할 수 있었다. 하나는 열심히 공부했다는 것이다. 이들은 모두 학교 공부와 사교육 외에 자기주도학습을 하루 4시간 이상 했다. 또 다른 하나는 목표 관리였다. 도저히 달성할 수 없는 허황한 목표가 아니라 현실적인 성적 목표를 정한 후에 이를 단계적으로 높여갔다는 것이다. 이 두 가지 공통점을 한마디로 말한다면 '꾸준히 노력하라'는 것이다.

수학은 학습의 성과가 단기간에 나타나지 않는다. 때로는 풀리지 않는 문제를 붙잡고 많은 시간을 소요해야 할 수도 있다. 더구나 나만을 위해 만들어진 참고서나 강의가 없기 때문에 자신의 수준과 맞지 않는 문제와 씨름하다가 포기하는 학생들이 많다. 이를 극복하는 방법은 개인별 진단을 통해 자신의 약점과 보완해야 할 부분을 정확히 파악하고, 꼭 필요한 학습을 위해 시간을 투자하는 것이다.

초·중등 수학에서는 공식을 암기하고 문제 풀이를 반복하는 것만으로도 대부분의 문제를 풀 수 있다. 그러나 고등 수학에서는 무조건 많은 문제를 푼다고 해서 실력이 향상되지 않는다. 특히 수학 성적이 중위권 이하인 학생들에게서 이러한 현상이 두드러지는데, 이는 수학 교육과정이 나선형 학습 설계 구조를 갖기 때문이다.

수학은 각각의 영역이 유기적으로 연결되어 있기 때문에 모든 영역을 알아야 할 수학을 정복할 수 있다. 결국 수능 수리 영역 성적을 올리기 위해서는 전 영역에 걸쳐 자신의 취약 부분을 정밀하게 진단하고 해당 부분을 해결해야 한다.

수학 수업을 두 배로 집중해서 듣는 기술

1. 예습과 복습을 하라

선생님의 설명을 이해하면서 따라가려면 반드시 예습을 해야 한다. 미리 내용을 알고 있으면 어려운 부분을 집중해서 들을 수 있다. 또 전체 내용을 미리 짐작할 수 있기 때문에 수업을 자기 것으로 소화하기 쉽다. 수학은 계단식이기 때문에 복습으로 배운 내용을 기억해야만 다음 수업을 이해할 수 있다.

2. 중요한 내용을 필기하라

수업 시간에는 선생님의 설명에 집중해야 한다. 선생님의 설명을 모두 필기하다 보면 수업이 끝난 후 남는 것이 없다. 중요한 내용, 자신이 잘 모르는 부분에 대한 설명을 중심으로 필기를 해야 한다. 계산 과정을 일일이 다 적는 것은 시간 낭비다.

3. 듣기만 하지 말고 공부하라

수업 시간에 아예 문제도 풀어보고, 공식도 외우고, 의문점을 정리해야 한다. 수업을 그냥 듣는 시간이 아니라 공부하는 시간으로 생각해야 한다.

tip. 수학 노트 필기 잘하기

1. 빨강, 파랑, 검정 등의 색깔펜을 이용한다.

2. 노트에 영역을 나누어 공식, 문제, 설명을 정리한다.

3. 중요성, 이해 및 틀린 정도를 색깔과 기호로 표시한다.

4. 노트를 깨끗하게, 여백을 충분히 두어 필기한다.

5. 책에 표시할 경우 여백이 모자라면 메모지를 사용한다.

tip. 집중력 기르기

1. A4 용지의 하단에 크게 컴퍼스로 원을 그린다.

2. 그 원의 정중앙에 점을 하나 그린다.

3. 그리고 그 위에 "할 수 있다! 전교 1등!" 등의 말을 적어놓는다.

4. 집중이 안 될 때 그 점을 쳐다본다.

5. 그 점을 쳐다보면서 성공한 나의 모습을 떠올려본다.

시험 기술 테스트

테스트 방법

- 1점 – 전혀 그렇지 않다　　2점 – 그렇지 않다　　3점 – 반반쯤이다
  4점 – 보통 그렇다　　5점 – 항상 그렇다순으로 답한다.
- 각 항목 [　　]에 점수를 매긴다.
- 각 항목별 점수를 합한다.

테스트 시작

[　] 공부할 때 어떤 문제가 시험에 나올 것인지 예상할 수 있다.

[　] 시험 문제를 다 풀고 난 후 시간이 남으면 다시 풀어 본다.

[　] 너무 어려운 시험 문제가 나오면 쉬운 문제부터 풀고, 나중에 어려운 문제를 다시 푼다.

[　] 시험을 보기 전에 공부할 내용을 모두 공부하여 정리하고 시험을 치른다.

[　] 시험이 끝난 후에 틀린 문제를 다시 풀어 보고 틀린 이유를 확인한다.

■ 테스트 점수 : ______점

•10점 미만 매우 낮음　•10~14점 낮음　•15~19점 보통　•20점 이상 높음

■ 나의 시험 기술은 어떤 수준인가?

■ 테스트 결과에 대한 나의 생각은?

최상위 0.1% '수학 정복' 이야기

● 개념을 익히는 데 있어서 시간을 아껴서는 안 된다. 같은 개념도 어떻게 응용을 하느냐에 따라 활용 방식이 달라지기 때문에 의미를 확실히 파악하는 것이 중요하다. 기초를 쌓은 다음에는 패턴을 익혀야 한다.

● 답이 나올 때까지 한 문제를 놓고 계속해서 생각한다. 답을 구해도 다양한 각도에서 문제를 보고 또 본다. 절대 해설을 쉽게 보거나 모범 답안을 맹신하지 않는다. 답은 하나지만, 답을 도출하는 방법은 여러 가지일 수 있기 때문에 여러 방향으로 고민한다. 특히 수학은 어떤 개념을 적용하느냐에 따라 문제가 전혀 달라질 수 있다.

● 모든 공부의 중심을 교과서에 둔다. 수학의 경우는 교과서와 익힘책, 수업 프린트 외에 '수학의 정석'과 '센 문제집'을 보는 정도이고, 다른 과목은 대부분 문제집을 보지 않는다. 그래도 자연 계열에서 모의고사와 내신 모두 전교 1등을 놓치지 않는다.

● 수학은 예습용 노트를 따로 만들었다. 다음 시간에 배울 부분의 문제를 먼저 풀고, 수업 시간에 선생님의 풀이를 적은 다음, 복습할 때 두 풀이가 어떻게 다른지를 비교하며 공부한다. 틀린 문제는 선생님의 설명을 들으며 왜 틀렸는지를 꼼꼼히 분석한다. 선생님은 나보다 다양한 각도에서 문제를 생각하고, 여러 가지 개념을 활용해서 문제를 풀기 때문에 개념과 문제를 이해하는 데 큰 도움이 된다.

5 학습력의 놀라운 비밀 '한자 꾸준히 공부하기'

박성빈이 밝힌 '한자로 흡수하는 속도를 높여라'

초6인 박성빈은 "한자는 든든한 평생 재산이다."라고 말한다. 박성빈은 조금 '구식(舊式)'으로 한자 공부를 한다. 7살 때부터 동네 서예학원에서 붓글씨를 쓰면서 한자를 접했고, 역사책 등을 읽으며 한문의 맛을 익히고 있다. 한자를 자유자재로 쓰는 박성빈은 학과 공부할 때 새로운 개념을 이해하고 흡수하는 속도가 빠르다.

"성빈이는 또래에 비해 어휘력이 탁월하죠. 고전(古典)이나 어려운 신문 기사 내용도 빠른 속도로 잘 흡수하고요. 학과 공부도 잘하지만, 논술도 걱정 안 해요." 박성빈 어머니는 "한자 급수나 한자 성적 자체는 크게 중요하지 않지만, 한자를 꾸준히 공부해 나가면 전반적인 학습의 기초를 닦을 수 있다고 확신한다."라고 말했다.

박성빈의 성공 전략 3가지

01 :꾸준히 공부:

7살 때부터 동네 서예학원에서 붓글씨를 쓰며 한자를 접했다.

02 :빠른 속도로 흡수:

공부할 때 새로운 개념을 이해하고 흡수하는 속도가 빠르다.

03 :학습 능력 중시:

한자 급수나 한자 성적 자체는 크게 중요하지 않다.

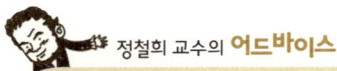

정철희 교수의 **어드바이스**

사탐·과탐의 90%가 한자어다

한자어는 우리말의 70%를 차지한다. 초등학교 국어책의 55%가 한자어다. 한자를 잘 알아야 어휘력을 높일 수 있고, 독해력을 키울 수 있다. 사탐·과탐도 90%가 한자어다. 무슨 말인지 모르기 때문에 사고력이 떨어지는 것이다. 또 두뇌 활동이 활발한 6~12세 전후에 한자를 익히면 논리적이고 과학적인 사고력과 암기력을 키울 수 있다.

한자 교육 전문가들은 "한자는 여러 사물의 형태를 본뜨거나 글자를 조합하여 새로운 글자를 만들어 내기 때문에 아이들의 상상력을 자극하고 논리력을 개발하는 데 더할 나위 없이 좋다."라고 말한다. 또 다른 장점은 중국과 일본을 이해하는 데 편리하다는 것이다. 우리는 예부터 한자 문화권에 속해 있기 때문이다.

흥미를 유발하라

한자 학습은 전 교과목에 영향을 미친다. 국어, 사회, 과학은 물론이고 수학 개념에도 한자어가 포함되어 있기 때문이다. 배수(倍數)와 분수(分數)를 배울 때, 배수의 배(倍)가 '곱하다', 분수의 분(分)이 '나누다'는 의미라는 것을 알고 있으면 개념을 이해하기가 쉽다. 생활 속에서 자주 사용하는 한자를 활용하라. 생활 속에서 자주 사용하는 한자어는 교과서나 아이가 자주 지나가는 상점·상호 등에서 찾으면 좋다.

실력을 점검하라

초등학교 고학년은 교과서에서 배운 내용 중 이해가 안 되는 단어를 인터넷에서 찾아보는 것이 좋다. 일기를 쓸 때 아는 한자를 활용하여 적어보는 것도 도움이 된다. 한자어를 섞어 쓰기 어려우면, 일기를 다 쓴 후 부모와 함께 한자어로 바꿀 수 있는 단어가 있는지 알아보면 된다. 만약 '엄마와 함께 시장(市場)에 다녀왔다. 채소(菜蔬)를 샀다'라는 문장에서 시장과 채소를 한자로 써 보면 생활 속에서 자주 쓰는 한자어에 대해 알게 된다. 한자 급수 시험에 도전해보는 것도 좋은 방법이다. 본인의 실력도 점검할 수 있고 성취감도 느낄 수 있다.

미래를 지배하는 가장 강력한 힘 '글쓰기' 6

최상위 0.1% 문형범이 밝힌 '논술고사 1등'의 비밀

'독서 골든벨' 전국 우승, 문형범이 고3까지 읽은 책은 5,000권이 넘는다. 고등학생이 되어서도 한 달에 8~10권은 꾸준히 읽었다. 바쁜 수험생활 중에도 독서를 소홀히 하지 않는 이유는 독서가 바로 논술실력으로 직결된다는 것을 너무나 잘 알기 때문이었다. 그리고 한 분야에 치우치지 않고 여러 분야의 책을 골고루 읽으려고 노력했다.

초·중학교 시절에는 닥치는 대로 읽었지만 고등학교에 진학해서는 시간이 부족해지면서 논술고사에 도움이 될 만한 책들을 위주로 읽기 시작했다. 그 과정에서 호기심이 생기는 분야가 있으면 그 쪽에 관련된 책들을 더 찾아 읽었다. "독서로 간접경험을 넓히면 논술을 작성할 때 쓸 거리가 많아진다."

문형범의 성공 전략 3가지

01 **:왕성한 책 읽기:**

고3까지 읽은 책은 대략 5,000권이 넘는다.

02 **:독서 습관:**

바쁜 수험생활 중에도 독서를 소홀히 하지 않았다.

03 **:꾸준한 글쓰기:**

고3년여 동안 200자 원고지 1,000매에 가까운 글을 썼다.

정철희 교수의 **어드바이스**

논술에 필요한 모든 능력은 독서에서 나온다

논술이란?

논술은 주어진 주제에 대해 자신의 주장을 논리적으로 펼치는 글쓰기다. 따라서 논술을 잘하려면 먼저 주제를 분명하게 정하고 그에 따른 자기 주장을 정리할 줄 알아야 한다. 또 그에 따른 설득의 근거를 찾아야 하며, 찾아 낸 근거를 바탕으로 독창적이고 논리적인 글로 표현할 줄 알아야 한다. 이러한 능력은 다양한 독서 경험을 통해 길러지는 것이다. 독서는 논술에 필요한 모든 요소, 즉 논거에 따른 배경 지식과 표현에 필요한 어휘력, 독창적인 사고력 등을 길러 준다.

논술은 꾸준하고 깊이 있는 독서가 왕도(王道)

입학사정관제가 확대되면서 논술의 중요성이 더욱 강조되고 있다. 올해 수능이 유난히 쉽게 출제되면서 논술이 당락을 결정지을 주요 전략으로 떠올랐다. 이제는 자신의 생각을 더욱 논리적이고 정확하게 표현하거나 전달할 수 있어야 한다. 논술이 중요해지는 이유는 논술이 요구하는 논리력, 사고력, 창의력이 커뮤니케이션 능력의 증대가 요구되는 사회적 추세와 맞물려 있다는 것이다. 논술을 잘하려면 어떻게 해야 할까? 한마디로 말하자면 폭넓은 독서와 토론이 중요하다. 학교 토론 수업이나 발표 수업에 열심히 참여하고 초등학교 저학년 때부터 깊이 있는 독서를 해야 한다.

논술에서 가장 중요한 세 가지

사고력 평가

1. 자신만의 주장이 있어야 한다.
2. 주장에는 논거(근거)가 있어야 한다.

논리력 평가

3. 논리적으로 전개해야 한다.

찬반 논의형 논술 작성 방법

1. 무엇에 대해, 왜 쓰려고 하는지 명확히 하라.
2. 자신의 주장과 견해를 제시하라.

3. 자신의 주장에 대한 논거를 제시하라.

4. 반론에 대한 답변을 하라.

5. 요약 정리를 하라.

대입 논술문 작성 3단계

논술은 단순히 자신의 생각을 자유롭게 표현하는 글쓰기가 아니라 제시된 글을 읽고 주어진 논제의 요구에 맞게 글을 쓰는 것을 말한다.

1단계 : 논제 파악하기

- 논제 속에는 수험생이 써야 하는 답의 내용과 방향이 포함되어 있다. 따라서 논제를 잘 분석한다는 것은 곧 좋은 답안을 쓰기 위한 조건이 된다.

2단계 : 제시문 읽기

- 논술에서 제시문으로 나오는 글들은 저자의 사상을 보여주기 위해 제시되는 것이 아니라 수험생의 읽기 능력과 답안을 작성하기 위한 근거로 제시된다.

3단계 : 논리적 글쓰기

- 논술은 논리적 글쓰기가 아니라 '논증적 글쓰기'다. 따라서 논술문을 쓴다는 것은 단순히 자기의 생각을 표현하는 것이 아니라 논제의 요구에 따라 내용을 구성하는 것이다.

나를 증명할 독서이력 관리를 시작하라

지금부터 독서이력 관리를 차곡차곡 해 나가면 고입 자기주도학습 전형이나 대입 입학사정관제 전형에서 자신의 자기주도적인 학습 능력을 증명할 수 있는 포트폴리오를 만들 수 있다. 그렇다면 독서이력 관리를 어떻게 해야 할까? 목표를 분명하게 세우고, 계획적으로 책을 읽은 후 독후 활동을 기록으로 남기면 된다.

이때 지원 학교가 정해져 있다면, 지원 학교 홈페이지에 나와 있는 학교, 학과의 인재상, 가치, 학교 특성을 파악해 테마를 잡는 것이 좋다. 예를 들어 창의성을 중시하는 학교라면 똑같은 형식의 독서 감상문이나 독서 활동을 단순히 나열하기보다 다채로운 방식으로 접근하는 것이 좋다. 또 독서는 자신의 진로와 연관성이 있는 것이 좋으며, 가치관과 진로와 꿈에 어떤 영향을 끼쳤는지 설명할 수 있을 만큼 꾸준히 준비해야 한다. 따라서 독서이력은 짧은 시간에 남에게 보여주기 위해서가 아니라 초등학교 때부터 꾸준히 준비해야 한다.

초등부터 준비하는 '독서이력 관리'

결국 초등부터 시작하는 독서 교육이 답이다. 어릴 때부터 체계적으로 독서를 해 나가는 과정에서 독서에 대한 본질적인 흥미가 생기고, 아이의 사고력과 논리력이 향상되어 자기주도학습 능력을 키우는 데 많은 도움이 되기 때문이다. 초등학교 때 학습 능력이 조금 부족하더라도 책을 좋아하는 아이는 중·고생이 되어 성적을 향상시킬 수 있는 잠재력이 생긴다.

1. 목적에 맞게 독서 목록을 정하라

- 입학사정관이 요구하는 것은 비판적 책읽기이다. 단순히 '얼마나 많은 책을 읽었느냐'가 아니라 '어떻게 읽었느냐'가 중요하다. 자신의 꿈이나 진로가 확실하다면 그에 따른 역량을 키우는 데 있어서 어떤 책을 읽으면 도움이 될 것인지를 판단하여 독서 목록을 작성해 본다.

2. 책을 읽은 느낌과 생각을 기록하라

- 단순한 책 내용의 요약만 기록하는 것은 바람직하지 않다. 책을 읽은 당시의 느낌과 생각들을 함께 기록하는 것이 중요하다. 책의 내용을 표현하는 데 있어서 일정한 양식에 구애받을 필요는 없지만, 기본 정보는 일관성 있게 적도록 한다. 그리고 감동받은 이유, 인상 깊은 대목 등을 다양하게 기록하면 나만의 차별화된 독서이력이 된다.

3. 비판적 읽기를 위한 토론을 하라

- 책을 통해 자신의 사고와 가치관, 진로와 꿈에 어떤 영향을 끼치려면 토론하는 시간을 갖는 것이 중요하다. 토론은 다양한 생각을 나누면서 비판적 사고력을 기르고, 입학사정관제의 심층 면접에서 자신의 생각을 논리적으로 펼치는 데 도움이 된다.

효과적인 중학생 독서법

1. 우선 교과서를 목차 중심으로 처음부터 끝까지 훑어 본다. 전체 내용을 파악하기 위한 과정이므로 읽다가 모르는 것이 나와도 그냥 넘어 간다.
2. 책을 속독한 후 주제가 무엇인지, 그리고 궁금한 것들이 무엇인지 종이에 메모해 본다.
3. 다음은 밑줄을 그어가며 읽는 정독 단계이다. 호기심이 생겼던 부분을 집중적으로 읽는다. 주요 개념을 파악하고 읽다가 모르는 말이 나오면 반드시 앞 장으로 다시 넘어가서 확인한다. 보통 이 정도만 해도 책 한 권을 완전히 숙독할 수 있다.
4. 다음은 시험에 대비하기 위한 암기 과정이다. 큰 흐름을 머릿속으로 그린 후 그 내용을 도식으로 정리하고, 주요 내용이나 개념을 암기한다.
5. 마지막으로 복습 단계이다. 교과서에 밑줄 친 부분을 다시 한 번 읽고 암기한 것을 다시 한 번 확인한다. 이 과정을 충실히 하면 기억이 2배 이상 오래 지속된다.

독서 습관을 기르기 위한 부모의 역할

우선 아이가 독서 습관을 기를 수 있도록 서점이나 도서관에 함께 놀러가 책과 친해지는 계기를 만든다. 그 다음에는 아이가 주체적으로 독서 목표와 계획을 세우고 지키도록 돕는다. 아이와 함께 책을 읽고 그 내용에 대한 생각을 함께 나누어도 도움이 된다. 독서 활동을 기록하는 독서기록장을 만들어 자녀가 스스로 어떤 책을 읽었는지 확인하는 것도 바람직하다. 독서 목록이 늘어나면 작은 보상을 하는 것도 동기 강화 차원에서 좋다.

독서 습관을 기르는 데 가장 좋은 시기는 7세 전후다. 자유롭고 창의적인 사고가 가능한 시기에 독서 습관 기르기 시작해야 아이의 이해력, 사고력, 창의력 향상에 도움이 된다. 초등학교 4학년부터는 독서뿐만 아니라 논술과 토론도 병행하는 것이 바람직하다.

우리나라에서 제2의 스티브 잡스가 나오려면

만약 미래가 주어진 공부만 잘하는 학생들이 움직이는 세상이라면 지금과 같이 암기형 영재를 키워야겠지만, 미래 세계는 보다 크고 위대한 상상력과 창의력을 발현할 수 있는 영재 존중의 시대가 될 것이다. 따라서 아이를 창의적인 상상력을 발휘할 영재로 키우려면 사고력과 논리력을 겸비한 교육과정과 이를 뒷받침할 수 있는 교육 환경이 필수적이다. 창의적 상상력을 갖춘 영재 발굴을 위해 가장 중요시되는 것은 '사고의 확장'이다. 만물에 대한 호기심을 바탕으로 사고의 그릇을 만들 수 있도록 기반을 닦는 작업이 필요한 것이다. 이는 틀 체험 학습과 꾸준한 독서 등으로 기틀을 다질 수 있다.

'독서교육지원시스템' 관리하기

교육과학기술부는 2012년부터 초·중·고 12년간 학생이 쓴 독후감을 독서교육종합지원시스템(www.reading.go.kr) 사이트에 입력하는 '독서이력제'를 도입했다. 이런 추세에 따라 초·중·고 내신 시험에 서술·논술형 문제의 반영 비중이 확대되고 있고, 이에 대비할 효과적 학습법 중 하나로도 독서가 주목받고 있다.

독서교육지원시스템에 접속하여 아이의 독후 활동을 파악해보자. 초·중·고등학교의 독서교육지원시스템은 교육과학기술부가 주관하는 창의적 체험 활동 종합지원시스템과 연계되어 고입, 대입의 입시 전형에 반영되고, 중요한 자료로 평가된다.

입시 대비 독서 기록하는 방법

1. 자신의 진로, 삶의 가치관과 같은 주제를 정해 책을 고른다.
2. 여러 번 읽으면서 주제와 인상 깊은 구절을 정확하게 숙지한다.
3. 저자 강연회 참석, 연계 작품 읽기 등 다양한 방식으로 독후 활동을 확장해 나간다.
4. 제한된 분량 내에서 책의 줄거리와 느낌을 정리하는 연습을 한다.
5. 간결한 문장과 구체적인 어휘를 사용했는지를 생각하면서 퇴고한다.

책읽기 테스트

테스트 방법

- 1점 – 전혀 그렇지 않다　　2점 – 그렇지 않다　　3점 – 반반쯤이다
  4점 – 보통 그렇다　　5점 – 항상 그렇다순으로 답한다.
- 각 항목 [　　]에 점수를 매긴다.
- 각 항목별 점수를 합한다.

테스트 시작

[　] 책을 읽다가 중요하다고 생각되는 부분은 밑줄을 긋거나 표시를 해 둔다.

[　] 책을 다 읽고 난 후에 읽은 내용이 무엇인지를 정리해 본다.

[　] 중요한 정도와 어려운 정도에 따라 읽는 속도를 달리 한다.

[　] 책을 읽을 때 그림, 도표, 그래프 같은 것을 자세히 본다.

[　] 글쓴이가 무슨 내용을 전달하려고 하는지 궁금증을 가지고 책을 읽는다.

■ 테스트 점수 : ______점

•10점 미만 매우 낮음　•10~14점 낮음　•15~19점 보통　•20점 이상 높음

■ 나의 책읽기는 어떤 수준인가?

■ 테스트 결과에 대한 나의 생각은?

최상위 0.1% '논술 공부법' 이야기

● 논술 시험을 볼 때 글을 전개하는 기술이나 어휘력만큼 중요한 것이 바로 '주제 선정'이다. 질문의 난이도는 어려운 것도 있고 보통인 것도 있는데, 힘들더라도 이왕이면 다른 학생들이 많이 고르지 않는 주제를 선택하여 쓰는 것이 점수를 얻기에 유리하다. 글을 쓸 때는 큰 개요를 짜서 글의 큰 틀을 짠 다음 사이사이에 내용을 덧붙여 하나의 논지를 완성하는 방법을 고수했다.

● 책을 많이 읽은 것이 도움이 된 것 같다. 어려서부터 책을 많이 읽어서 글 쓰는 데 대한 두려움은 거의 없다. 평소에 엄마께서 책을 많이 사주시는 편이다. 서점에 갈 시간도 없는데다 인터넷도 거의 안 하기 때문이다. 엄마가 보시고 괜찮아 보이는 책을 골라주시는데, 대부분 베스트셀러나 재밌는 것들이다. 내가 제일 좋아하는 책은 해리포터 시리즈다."

● 책은 분야를 가리지 않고 다양하게 읽는 편이지만 초등학교 때 처음 읽었던 해리포터 시리즈는 수십 번을 읽었다. 다소 과장되었을 엄마의 표현을 그대로 옮기자면, '오십 페이지 셋째 줄'에 어떤 글자가 있느냐고 물어봐도 대답을 할 수 있을 정도다. 아침 6시부터 밤 11시까지 바쁜 학교생활을 하고 있기 때문에 책은 주로 주말이나 방학을 이용해서 읽고, 일 년에 20권 정도의 원서를 읽는다.

7 에세이를 쓸 때 가장 중요한 것은 솔직함이다

권오황이 밝힌 '에세이'의 비밀

미국 대입에서는 에세이가 중요하다. 권오황은 노스웨스턴대 합격 비결 중 하나는 자신이 쓴 '축구 에세이'였을 것이라고 말했다. "키가 작은 제가 친구들과 축구 경기를 하면서 겪었던 이야기를 썼어요. 처음에는 키가 작은 것이 큰 단점이었는데, 대신 민첩하게 움직일 수 있어 축구를 잘할 수 있었다고 썼죠. 인생에 있어서 한 개인의 단점이나 결점이 오히려 장점으로 작용할 수 있다는 말로 결론을 맺었어요."

권오황은 "미국 대학 입시에서 자기소개서나 에세이를 쓸 때 거창한 주제보다는 실제 생활에서 느낀 바를 솔직히 쓰는 것이 중요한 것 같다."라고 말했다.

권오황의 성공 전략 3가지

01 :장애 요소를 성공 요소로:

자신의 단점을 오히려 장점으로 승화했다.

02 :작은 것의 힘:

거창한 주제보다는 실제 생활에서 느낀 바를 썼다.

03 :솔직함:

솔직히 쓰는 것이 중요한 것 같다.

정철희 교수의 **어드바이스**

진솔하게 스토리텔링하라

입학사정관제 전형, 자기주도학습 전형의 자기소개서는 자신의 경험을 진솔하게 스토리텔링 방식으로 쓰면 된다. 이를 위해서는 자신만의 장점을 부각시킬 수 있는 다양한 체험 활동이 필요하다.

서울국제고 1학년 장서연은 이렇게 말했다. "무조건 많은 활동을 할 것이 아니라 자신의 진로와 연관된 활동들을 위주로 해야 한다. 자신의 진로에 대해 확고한 목표 의식을 갖고 그 목표를 이루기 위해 어떤 노력을 해 왔는지를 일관성 있게 적는 것이 가장 중요하다. 봉사 활동과 독서 활동도 진로와 연관지어 작성한다. 특히 봉사 활동은 지속적으로 활동하면서 느낀 점을 꾸준히 기록해야 한다."

스스로의 힘으로 솔직하게 자기소개서를 작성해야만 면접에서 어떤 문제가 나와도 당황하지 않고 대답할 수 있다.

좋은 에세이를 쓰는 방법

에세이란 '어떤 주제에 대하여 글을 쓰는 것'을 말한다. 미국 대학마다 에세이 주제는 다르다. '너에게 가장 뜻 깊었던 경험', '존경하는 사람', '네가 한 사람의 대통령을 만날 기회를 갖는다면 누구와 만나 어떤 대화를 갖겠느냐?' 혹은 '20년 후 400페이지짜리 네 자서전을 쓸때 275페이지에 들어갈 내용은 무엇인가?'하는 식이다. 특히 명문 대학의 경우, 특별히 어필할 수 있는 창조적인 글을 원한다.

1. 하나의 일관된 주제를 전개하라

- 흥미롭게 시작하고, 지루하지 않게 전개하면서 전체적인 주제를 유지해야 한다. 가장 좋은 에세이는 "너는 어떤 사람이니?"라는 질문을 받았다고 생각하고, "나는 이런 사람이다."라는 일관된 주제를 구체적으로 전개해 나가는 것이다.

2. 주제를 디테일하게 설명하라

- 좋은 에세이를 쓰려면 '내가 언제, 어디서, 무엇을, 어떻게, 왜'라는 육하원칙 가운데 한두 가지를 자세히 쓰는 것인데, 그 내용의 결론은 '자신의 장래를 위한 계획에 미친 효과'나 '자신의 인생관 형성에 미친 효과' 같은 내

용이 자연스럽게 배어 있어야 한다.

3. 문장은 쉽고 간결하게 써라

- 좋은 에세이는 누구에게나 술술 읽혀진다. 즉, 간단하고 이해하기 쉬운 에세이가 사람들을 더 감동시킨다. 많은 학생들이 전문 용어들을 많이 사용하는 것이 훌륭한 에세이라고 생각하지만 실제로는 그리 중요하지 않다.

에세이를 쓸 때 주의할 사항

1. 수상 경력을 나열하지 말고 '나 자신의 모습'을 보여 주어야 한다.
2. 균형 잡힌 논조로 진솔하게 써야 한다. 자신감이 넘치지만 교만하지 않고, 솔직하면서 소신이 있어야 하고, 재미있어야 한다.
3. 많이 쓰고, 많이 고쳐라. 에세이의 초고를 작성하면 반드시 철저한 교정을 거치고 교사나 친구들의 의견을 수렴하여 글의 완성도를 높이도록 한다.

Special Page

"자기주도학습, 무엇을 어떻게 평가할 것인가?"

1. 자기주도학습자로 변화한 아이들의 특징

자기주도적으로 공부하는 아이들의 특징을 살펴보고, 어떻게 하면 자기주도학습자로 변화할 수 있는지 그 방법을 찾아보자.

□ **1.** '나는 할 수 있다'는 생각을 갖고, '무엇이든 노력하면 가능하다'고 여긴다.

□ **2.** 자신의 일을 스스로 결정하려는 성향이 강하다.

□ **3.** 한번 목표를 설정하면 달성할 때까지 다른 일을 하지 않고 그 일에만 매달린다.

□ **4.** 텔레비전 시청, 컴퓨터 게임, 이성 친구 사귀기 등 학업에 방해가 되는 일을 자제하려고 노력한다.

□ **5.** 다른 사람에게 지기 싫어하는 것도 큰 특징이다.

□ **6.** 성적 때문에 친구들에게 무시당하는 것을 극도로 싫어하고, 경쟁하는 친구와 선의의 경쟁을 즐긴다.

□ 7. 좋아하는 과목이 있으며, 이와 관련된 공부에 흥미를 느낀다.

□ 8. 장차 자신이 되고 싶은 직업인이나 인물에 대해 구체적으로 생각하며, 이를 위해 어떤 대학에서 무슨 공부를 해야 하는지를 생각한다.

□ 9. 철저한 시간 계획을 세우고 이를 실천하려고 노력한다. 매일, 매주, 매월 계획을 세우고 이를 하나씩 확인하는 습관을 지닌 경우가 많다.

□ 10. 매일 아침 수첩에 그날의 할 일을 적은 후 저녁 때 확인한다.

□ 11. 깨어 있는 시간에 최대한 집중하여 공부하고자 한다.

□ 12. 조용하고 집중이 잘되는 시간에는 어려운 과목을, 다소 집중력이 떨어지는 시간에는 쉬운 과목을 공부한다.

□ 13. 학원을 다니더라도 주로 학원에서 기초나 부족한 부분을 배운 후 혼자 공부를 한다.

□ 14. 싫어하는 과목에 대해서는 자기만의 문제집을 만드는 등 좋아할 수 있는 이유를 만든다.

□ 15. 공부를 마치면 반드시 자신이 얼마나 공부했는지 확인한다. 이때 공

부한 내용을 자기 자신에게 설명하는 방법을 사용하면 도움이 된다.

- □ **16.** 자율적으로 공부하는 학생들은 부모나 교사에게서 긍정적이며 현실적인 기대를 받는 경우가 많았다.
- □ **17.** 역할 모델이 있었고, 자율적이면서도 엄격한 가정환경에서 자랐다.
- □ **18.** 어릴 적부터 책을 많이 읽고 가정에서도 독서하는 분위기가 형성된 경우가 많았다.

2. 자기주도적 학습 능력을 평가하는 문항(PISA)

경제협력개발기구(OECD)의 국제학업성취도평가(PISA)에 따르면 우리 학생들의 자기주도학습 능력은 다른 회원국들보다 낮은 것으로 조사되었다. 자기주도학습 능력은 학교 교육을 마친 뒤에도 계속 학습할 수 있는 능력을 평가하는 요소다. PISA는 자기주도학습 능력이 부족한 학생들에 대한 지원이 없다면 학교나 미래의 직업에서 성공할 가능성이 희박하다고 진단했다.

❶ 학습 전략

- □ 공부할 때 다른 과목에서 배운 것, 즉 이미 아는 것과 새로운 것을 연결시키려고 노력하는가?

❷ 학습 동기

- □ 다른 사람의 강요 때문인가?
- □ 취업 기회를 넓히기 위한 것인가?

□ 공부 자체가 재미있기 때문인가?

❸ 자아 효능감

□ 자신이 어려운 도전 과제를 해결할 수 있다고 믿는 정도를 '자아 효능감'이라고 한다.

□ 어렵고 복잡한 과제를 이해할 수 있다고 믿는가?

□ 숙제·시험을 잘할 자신이 있는가?

□ 배우는 지식·기술을 완전히 마스터할 수 있다고 확신하는가?

❹ 목적 지향성

□ 배운 것을 확실히 이해했을 때(복잡한 문제를 완전히 정복했을 때) 또는 다른 사람보다 더 많은 것을 알 때(똑똑하다는 것을 증명해보일 때) 가장 성공했다는 느낌이 드는가?

❺ 노력과 끈기

□ 공부할 때 최선의 노력을 기울이는가?

□ 어려운 수학 문제·긴 국어 지문을 접해도 끈기 있게 도전하는가?

❻ 협력적 학습

□ 집단으로 공부하는 것을 좋아하는가?

□ 남과 같이 하면 일을 빨리 끝낼 수 있는가?

공부 꿈 미래 왜?

3부

공부가 되는
자기주도학습 전략

1 많이 읽고, 많이 풀고, 많이 외운다

명은혜가 밝힌 '자기주도성'의 비밀

명은혜에게 '왜 1등을 한다고 생각하는가?'라고 물었더니 "그냥 열심히 공부했기 때문에"라고 대답했다. 명은혜는 또 "시험 때는 밤을 새우면서 공부한다. 많이 외운다. 부모가 공부하라는 잔소리를 하지 않는다. 나 스스로 공부를 잘해야겠다는 생각을 하기 때문에 열심히 한다."라고 덧붙였다.

명은혜의 교과목 시험 대비법을 묻는 질문에 "국어는 교과서에 필기하고, 교과서를 많이 본다. 영어도 교과서를 많이 읽는다. 수학은 문제를 많이 풀어 본다. 사회, 과학 등 다른 과목은 요점 정리를 해서 프린터로 인쇄하여 외운다."라고 대답했다. 명은혜의 1등 비밀은 '많이 읽고, 많이 풀고, 많이 외운다'이다.

명은혜의 성공 전략 3가지

01 ⁝자기주도성⁝

나 스스로 공부를 잘해야겠다는 생각을 하기 때문에 열심히 한다.

02 ⁝교과서 많이 읽기⁝

시험 대비를 할 때는 교과서를 많이 읽는다.

03 ⁝잔소리 안 하기⁝

부모가 공부하라는 잔소리를 하지 않는다.

정철희 교수의 **어드바이스**

스스로 이끄는 공부를 하라

우리의 뇌는 누가 시켜서 하는 일보다 자신이 주도적으로 선택해서 하는 일을 훨씬 잘하고 좋아한다. 공부란 '더 나은 미래를 위해, 더 성숙하고 지혜로운 나 자신을 위해 투자하는 것'이다. 최상위 0.1% 학생들이 공통적으로 가지고 있는 특별한 것은 바로 '자기주도성'이다.

자기주도성은 말 그대로 삶의 방향성을 스스로 계획하고 자신의 의지에 따라 시간을 관리하는 것이다.

공부는 남들이 시켜서가 아니라 자기 스스로의 의지로 해야 한다. 스스로 이끄는 공부의 진정한 힘은 '자기주도성'에 있다. 자기주도성은 주인 의식을 가지고 꿈의 목표를 향해 스스로를 이끌어간다. 자기주도성이 있다는 것은 무엇이든지 스스로 척척 알아서 하려는 태도와 습관이 몸에 배어 있다는 것을 말한다. 자기주도적인 학습을 하려면 자신만의 분명한 목표 의식이 있어야 한다. 공부를 성공적으로 해온 한 학생에게 '공부를 왜 해야 하는지'를 묻자 "세상을 좀 더 알고 지혜로운 사람이 돼서 세상에 좋은 영향을 주고 싶기 때문이다."라고 말했다.

명은혜의 공부법은 단순무식한 공부법이다. 공자가 말한 공부의 이치와 같다. 공자는 '학이시습지 불역열호(學而時習之 不亦悅乎)'라고 말했다. '배우고 그것을 시간이 날 때마다 반복한다면 기쁘지 않겠는가?'라는 뜻이다. 배우고 익히는 것을 반복하는 것, 사실 그 이상의 비결은 없다. 반복하는 것에 재미가 붙으면 금상첨화다. 재미가 붙는다는 것은 공부가 체질화되었다는 이야기다. 천재성이라는 것도 재미가 붙는 데서 나온다. "천재는 노력하는 자를 따라 갈 수 없고, 노력하는 자는 즐기는 자를 따라 갈 수 없다."라고 했다.

미국에서 실시한 '자기주도성'에 관한 실험 결과

자기주도성이 강한 학생이 자기주도성이 약한 학생에 비해

1. 텔레비전 시청 시간이 두 배 적다.

2. 일주일에 평균 5시간 이상 공부에 더 많이 투자한다.

3. 고난도 과제에 대한 도전 정도가 강하다.

4. 자기가 하는 일이 앞으로 살아가는 데 중요할 것이라고 믿는다.

5. 가족과 함께하는 시간이 많다.

멘토의 한마디

창조적인 사람일수록 자기주도성이 강하다. 대수롭지 않은 활동에서도 가치를 찾고, 집중할 수 있는 능력과 태도가 몸에 배어 있기 때문이다.

나의 자기주도성 체크리스트

자기주도성이 있다는 것은 무엇이든지 스스로 척척 알아서 하려는 태도와 습관이 몸에 배어 있다는 것을 말한다. 나의 자기주도성은 어떠한지, 스스로 체크해보고 부족한 부분은 보완해 나가도록 하자.

- ☐ **1.** 나는 미래에 대한 설계와 공부하는 목적이 분명하다.
- ☐ **2.** 공부를 잘하기 위해서는 노력이 중요하다고 생각한다.
- ☐ **3.** 나는 가끔 슬럼프에 빠질 때도 있지만 스스로 잘 이겨낸다.
- ☐ **4.** 내가 스스로 필요해서 학원을 선택하고 결정한다.
- ☐ **5.** 스스로 세운 계획은 충실히 실천하려고 노력한다.
- ☐ **6.** 나는 항상 자신감을 갖고 학교 공부에 임한다.
- ☐ **7.** 자투리 시간도 적극적으로 잘 활용한다.

자기주도성을 기르기 위한 4가지 조건

자기주도학습에 필수적인 자기주도성을 기르기 위해서는 학생 스스로 목표를 설정하고, 이를 이루기 위해 끊임없이 노력해야 한다. 또 계획을 세우는 데 그치지 않고 지속적으로 점검해야 하며, 도움을 무조건 거절할 것이 아니라 도움과 자원을 능동적이고 주도적으로 조절하고 통제할 수 있어야 한다. 할 수 있는 것부터 차근차근 해결하면서 보람과 책임을 경험하는 것이 중요하다.

1. 스스로 목표를 설정하고 끊임없이 노력해야

- □ 스스로 학습 목표를 설정한 후 공부해야 한다.
- □ 학습 목표를 달성하기 위해 끊임없이 노력해야 한다.
- □ 자신의 학습에 대한 분명한 동기가 있어야 한다.

2. 계획을 세우고 지속적으로 점검해야

- □ 학습 내용과 과정에 대한 점검을 수시로 해야 한다.
- □ 더 나은 학습 방법에 대한 점검을 지속적으로 해야 한다.
- □ 자가 점검을 통해 학습 목표를 달성하는 데 따른 문제점을 개선해야 한다.

3. 도움을 조절하고 통제할 수 있어야

- □ 혼자 열심히 노력한다고 해서 학습 목표가 달성되는 것은 아니다.
- □ 상황에 따라서는 교사나 학부모의 칭찬과 조언이 필요하다.
- □ 교사나 학부모의 적극적인 개입이 성장의 촉진제가 되기도 한다.

4. 보람과 책임을 경험해봐야

- □ 목표를 달성함으로써 배우는 일에 대한 긍정적인 경험을 해야 한다.
- □ 긍정적 경험은 단순히 목표를 달성했다는 성취감과는 의미가 다르다.
- □ 목표 달성 과정을 통해 보람과 책임감을 함께 경험해야 한다.

자기주도학습자는 문제를 해결하겠다는 의지를 갖는 문제 인식 단계, 문제를 어떻게 해결해야 할 것인지에 대해 본격적으로 접근하는 문제 이해 단계, 문제를 해결하기 위한 구체적인 노력 과정의 첫 단계인 계획 작성 단계, 작성된 계획을 실천하는 실천 단계, 실천 후에 결과를 객관적으로 분석하는 자기 평가 단계를 거치면서 온전한 자기주도학습자로 성장하게 되는 것이다.

2 성적의 95%는 '학교 수업에 달렸다'

이혜민이 밝힌 '학교 공부'의 비밀

언제나 학교 공부를 열심히 하고 있고, 그렇기 때문에 학교 시험에서 좋은 성적을 얻는 것 같다. 수업 시간에는 다른 어떤 것보다도 수업에 집중한다. 선생님의 얼굴을 보면서 선생님이 하시는 말씀을 한마디도 놓치지 않기 위해 최대한 노력하고, 중요하다고 생각되는 내용에는 밑줄을 긋고 적어 둔다. 선생님이 노트를 만들라고 하지 않는 이상 따로 노트를 만들지는 않고, 모든 필기를 교과서에 한다.

학교 수업 시간에 설명을 잘 듣고, 모르는 것은 반드시 질문해서 알고 넘어간다. 시험 공부를 할 때는 항상 교과서로 시작해서 교과서로 끝낸다. 다른 것에 손대지 않는 대신 교과서에 있는 내용만큼은 하나도 빠짐없이 샅샅이 읽어 보고, 머릿속에 정리한다. 성격이 지나치게 꼼꼼하고 융통성이 없다 보니 하나를 끝내지 않으면 다음 일이 손에 잡히지 않는다. 아주 사소한 내용도 빠뜨리지 않도록 공부한다.

이혜민의 성공 전략 3가지

01 : 집중해서 듣기 :

선생님 말씀을 한 마디도 놓치지 않기 위해 노력한다.

02 : 반드시 질문 :

모르는 것은 반드시 질문해서 알고 넘어간다.

03 : 교과서 중심 :

시험 공부를 할 때는 항상 교과서로 시작해서 교과서로 끝낸다.

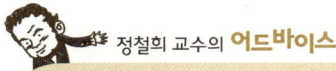

정철희 교수의 **어드바이스**

선생님과 눈을 맞추고, 집중해서 들어라

자기주도학습은 '학교 선생님과 눈을 맞추고, 집중해서 듣기'에서 시작된다. 공부를 잘하는 비법 아닌 비법은 '수업 잘 듣기'에 있다. 선생님이 수업 시간에 강조하는 내용이 바로 시험 문제이기 때문이다. 학교 시험은 학원 강사가 아니라 학교 선생님이 출제한다. 결국 유명 학원 강사도 학교 선생님으로부터, 지난 시험 족보로부터 힌트를 얻어 기출 문제 특강을 한다. 학교 수업 시간에 집중해서 듣고, 집에 와서는 그날 학교에서 배운 내용을 복습하면 그것으로 공부는 완성된다. 공부를 잘하는 방법은 이처럼 단순하다.

전교 3% 안에 들고 싶으면 '그날 배운 것, 그날 복습하기'를 매일 실천하면

된다. 최상위 0.1%안에 들고 싶다면 '그 시간에 배운 것, 그 시간에 복습하기'를 매일 실천하면 된다. 공부를 잘하는 비법은 이처럼 허무할 정도로 단순하다. 문제는 실천이다.

최상위 0.1%의 자기주도학습 핵심은 교과서에 있다

강남에서 전교 최상위권인 학생들의 내신 만점의 비법은 무엇일까? 상위 1%의 성적을 받은 한 학생은 "평소 자기주도학습으로 내신 시험을 준비한다. 가장 중요하게 생각하는 것은 다름 아닌 교과서이다. 시험 문제가 아무리 어려워도 수업 시간에 배우는 교과서 범위 밖에서 출제되는 문제는 없다. 중간고사 대비 계획표에는 늘 '교과서 정리', '교과서 재 암기' 항목이 들어 있다."고 말했다.

교과서 풀이 과정이 서술형 문제 만점 열쇠

영어 교과서 본문은 반드시 외워서 시험 준비를 하기 때문에 어렵지 않게 문제를 풀 수 있었다. 교과서가 중학교 내신 시험의 기본이라는 사실은 상위권 학생이나 그렇지 않은 학생 모두에게 해당한다. 하지만 교과서를 어떻게 공부하느냐에 따라 성적이 달라진다. 무작정 열심히 교과서를 들여다본다고 해서 누구나 좋은 점수를 받을 수 있는 것은 아니기 때문이다.

영어 내신은 교과서가 왕도(王道)다. 내신 시험에서 교과서의 중요성이 가장 잘 드러나는 과목은 영어다. 영어는 시험지에서 볼 수 있는 거의 모든 어휘와 문장이 교과서에서 출제된다고 해도 과언이 아니다. 교과서에 나온 문장을 그대로 인용해 출제되는 것은 가장 평이한 유형이다. 여기에 단어, 시제, 문법 등이 얼마나 변형되었느냐에 따라 난이도가 판가름 난다. 하지만 어떤 문제도 뼈대는 교과서에 있다. 예를 들어 교과서에 나오는 3지선다형 객관식 문제가 서술형으로 변형되어 출제된다거나 보기가 추가되어 5지선다형 객관식 문제로 출제되는 식이다.

성적이 상위권인 한 학생은 영어 공부 비법을 묻는 질문에 "우선 교과서 본문과 본문에 딸린 단어를 외웠다. 수업 시간에 교사가 중요하다고 강조했던 부분은 반복해서 읽으면서 문장을 통째로 암기했다. 말하기·듣기 다이얼로그(dialogue)와 교과서 뒷부분에 실린 듣기 대본은 잊지 않고 챙겼다. 다이얼로그는 수업 시간에 대화 형식으로 읽어보고 다시 살펴보지 않는 학생이 많다. 하지만 이 지문이 고스란히 '다음 보기 중에서 대화가 자연스러운 것은?'을 고르는 문제의 보기로 출제될 수 있다는 사실을 염두에 두고 꼼꼼히 공부했다. 실제로 이번 중간고사에서도 듣기 대본의 일부가 문제의 보기로 출제되었다."라고 대답했다. 긴 본문과 듣기 대본을 무작정 달달 외우는 방식은 바람직하지 않다. 간혹 교과서를 이해하지 않고 통째로 외웠다가 단어나 시제가 바뀌어 나온 문제를 틀리는 학생들이 있다.

이 학생은 또 "반복해서 지문을 읽으면서 문장의 구조를 이해하는 방식으로 외우는 것이 효과적이다. 수업 시간에 교사가 강조한 문장 위주로 문장의 구조와 중요한 문법을 생각하면서 외웠다. 시험 전에는 교과서에 빈칸을 만들어 채우는 방식으로 확인했다."라고 말했다. 교과서 본문과 모든 대본이 기본적으로 숙지가 되어 있어야만 제한된 시간에 변형된 문제를 풀 수 있다. 상위권 학생일수록 교과서를 가장 먼저 완벽하게 공부한다. 교과서가 기본이라면 영어 활동책(Activities book)은 수준별로 자신의 실력을 체크할 수 있는 보완 교재다.

노트하기 테스트

테스트 방법

- 1점 – 전혀 그렇지 않다 2점 – 그렇지 않다 3점 – 반반쯤이다
  4점 – 보통 그렇다 5점 – 항상 그렇다순으로 답한다.
- 각 항목 [ ]에 점수를 매긴다.
- 각 항목별 점수를 합한다.

테스트 시작

[ ] 수업 시간에 공책을 잊지 않고 준비한다.

[ ] 공책 정리를 깔끔하게 한다.

[ ] 공책은 나중에 보아도 이해하기 쉽게 되어 있다.

[ ] 선생님이 수업 시간에 정리해주신 내용은 꼼꼼하게 기록한다.

[ ] 선생님이 중요하다고 말씀하신 것을 따로 메모해 둔다.

- 테스트 점수 : ______점

  •10점 미만 매우 낮음 •10~14점 낮음 •15~19점 보통 •20점 이상 높음

- 나의 노트하기는 어떤 수준인가?
- 테스트 결과에 대한 나의 생각은?

최상위 0.1% '노트 정리법' 이야기

● 필기를 하다 보면 수업에 집중하게 되어 졸지 않는다. 토씨 하나 틀리지 않고 그대로 정리하기 때문에 수업 시간에 들은 내용을 빠뜨리는 법이 없다. 색깔별로 한눈에 알아볼 수 있게 정리를 하면 기억하기도 쉽다. 다른 것은 몰라도 내신을 대비하는 데 이보다 좋은 공부법은 없다.

● 수업이 끝난 후 쉬는 시간에는 선생님이 중요하게 강조한 부분이나 유용한 공식을 노트에 적는다. 중요 항목만 적어 두었기 때문에 교과서를 처음부터 다시 뒤적이지 않아도 단시간에 흐름을 잡을 수 있고, 적어 둔 내용이 시험에 출제될 확률도 높다. 시험공부를 할 때도 그저 깔끔하게 정리한 노트와 교과서만 반복해서 공부할 뿐, 절대 참고서나 문제집을 푸는 경우가 없다.

● 내신 공부는 수업 시간에 끝낸다. 선생님 말투까지 놓치지 않고 꼼꼼히 필기할 정도다. 집에 돌아와서는 스스로 이해한 내용을 별도 노트에 줄 글로 풀어 정리한다. 선생님의 핵심 설명을 내가 이해한 대로 풀어쓰니까 시험 기간에 수업 내용이 다 기억이 난다. 그래서 수업 시간에 절대 졸지 않는다.

● 오답 노트도 흐름을 놓치지 않게 하는 장치 중 하나다. 오답 노트에는 각 문제마다 출제자의 의도나 문제에 적용되는 공식 등이 빨간색 글씨로 깨알같이 적혀 있다. 문제 자체가 중요한 것이 아니라 어떤 의도로 문제가 나왔는지, 문제의 핵심 내용이 무엇인지가 중요하다고 생각하기 때문이다. 오답 노트를 볼 때도 문제를 읽고 출제자의 의도를 파악하거나 공식을 외워 보는 식이다. 오답 노트만으로 핵심 내용 정리가 되고, 틈틈이 들여다봄으로써 흐름을 완벽하게 이해할 수도 있다.

3 매일 복습에 충실하면 공부는 완성된다

김수정이 밝힌 '복습'의 비밀

"수업을 듣고 나면 40% 정도 머릿속에 남는다. 나머지 60%는 스스로 복습을 해야 얻을 수 있다. 친구들을 보면 '학원 갔다 왔으니까 공부 다 했다'는 '자기 만족감'을 위해 학원을 다니는 것 같다."

김수정은 중3이 되면서 사춘기가 찾아 왔다. 성적이 20등까지 떨어졌다. 급한 마음에 기말 시험을 한 달 앞두고 엄마를 졸라 학원에 등록했다. "처음부터 끝까지 알아서 '시켜주는 곳'이 학원이었어요. 숙제와 학습량이 많아서 좋다고 소문난 곳이었지만 제가 소화하기에는 벅찼습니다. 갈수록 지치고 끌려 다니는 것 같아 한 달도 안 돼 그만 두었죠." 학원을 그만 둔 중3 겨울방학. 다시 혼자 계획을 짜고 독서실을 다니면서 공부를 하기 시작했다. 과외도 학원도 없이 하는 '나홀로 공부' 3년 만에 내신 1등급까지 껑충 뛰어올랐다.

김수정의 성공 전략 3가지

01 :학원 정리:

갈수록 지치고 끌려 다니는 것 같아 한 달도 안 돼 학원을 그만 두었다.

02 :스스로 복습:

60%는 스스로 복습을 해야 얻을 수 있다.

03 :자기주도학습:

혼자 계획을 짜고 독서실을 다니면서 공부를 하기 시작했다.

정철희 교수의 **어드바이스**

주기적으로 반복하라

자기주도학습의 기본은 바로 예습, 수업, 복습의 순서를 지키는 것이다. 예습은 바로 내가 '무엇을 어떻게 배울 것인가'를 알아가는 방법이다. 예습을 통해 수업의 흐름을 잡고, 수업에서 집중도를 높여야 한다. 수업 내용의 70% 이상을 수업 시간에 제대로 이해하고, 소화할 수 있어야 한다. 수업과 시험 사이의 기간에 보다 효과적인 학습을 하기 위해서는 주기적인 반복 학습이 필요하다. 복습을 통해 자신의 약점과 강점을 확실히 파악하고, 시험 출제 경향에 맞추어 학습을 해야 한다.

반에서 1등을 하는 어떤 아이는 "교과서를 미리 읽고 예습을 하는 것은

누구나 다 한다. 또 수업도 최대한 집중해서 듣는 것이 중요하다. 더 중요한 것은 이렇게 배운 것을 선생님처럼 누군가를 가르치듯이 요약해보는 것이다. 이렇게 하면 세 번 공부한 효과를 얻을 수도 있고, 훨씬 더 기억이 잘 난다."라고 말한다. 수업에서 배운 내용을 자신의 것으로 만들기 위해서는 즉시 복습하는 것이 가장 효과적이며, 일정한 주기로 반복하여 복습을 하는 것이 좋다.

전교 1등의 비결은 매일, 예습·수업·복습에 있었다

공부의 대원칙은 '매일, 조금씩, 일정한 시간에, 일정한 장소에서, 일정한 분량을 꾸준히 실천해 나가라'는 것이다. 자기주도학습으로 전교 2등 이하의 성적을 받아본 적 없는 한 여학생(중2)의 공부 비결은 매일, 예습·수업·복습에 있었다. "그날 배운 내용을 복습하고 내일 배울 내용을 읽어보는 것만으로도 예습과 복습이 이루어진다. 수업 시간에는 선생님의 이야기에 집중하며 교과서에 빼곡하게 내용을 정리한다. 중요한 내용은 포스트잇에 적어 교과서에 붙이고 나머지 부분들은 번호를 매겨 중요도를 체크한다. 수업이 끝나면 노트를 펼쳐 유인물을 붙이고 교과서와 마찬가지로 중요한 내용을 정리한다. 수업 시간에 한 번, 복습하며 한 번, 유인물을 보며 한 번, 총 세 번씩 같은 내용을 반복적으로 공부하기 때문에 쉽게 이해된다."

복습은 공부의 완성이다

매일, 예습·수업·복습의 순차적 시스템은 공부의 전부라 해도 과언이 아니다. 수업 전에 그날 배울 내용을 예습하면 수업 중에 선생님의 설명을 완전히 이해할 수 있다. 무엇보다 공부는 이해한 것을 잊어버리지 않는 것이 중요하다. 공부한 내용을 잊어버리지 않게 하는 것이 바로 복습이다. 수업 후 즉석에서, 하루가 가기 전에 복습을 하면 머릿속에 깊이 저장된다. 하버드대 로스쿨 최우수 졸업생인 라이언 박에게 공부 비법을 묻자 "나는 매일 공부한 부분에 대해 에세이를 쓰는 버릇이 있다. 에세이는 새로 배운 내용을 다시 한 번 생각하고 머릿속에 정리하는 데 도움이 된다."라고 말했다.

기억하기 테스트

테스트 방법

- 1점 – 전혀 그렇지 않다　　2점 – 그렇지 않다　　3점 – 반반쯤이다
  4점 – 보통 그렇다　　5점 – 항상 그렇다순으로 답한다.
- 각 항목 [　　]에 점수를 매긴다.
- 각 항목별 점수를 합한다.

테스트 시작

[　] 공부한 것을 이해하는 데 그치지 않고, 중요한 것은 외운다.

[　] 암기할 부분을 읽은 후에 자기 말로 외워 본다.

[　] 무조건 외우려 하기보다는 좀 더 편하게 외우는 방법을 사용해서 외운다.

[　] 나는 내 나름대로 쉽게 암기하는 방법을 가지고 있다.

[　] 암기하기 전에 먼저 무슨 뜻인지 충분하게 이해하려고 한다.

- 테스트 점수 : ______점

  •10점 미만 매우 낮음　•10~14점 낮음　•15~19점 보통　•20점 이상 높음

- 나의 기억하기는 어떤 수준인가?
- 테스트 결과에 대한 나의 생각은?

최상위 0.1% '복습' 이야기

● 학교나 학원 수업 시간에 듣는 것만으로는 완전히 공부한 것이 아니다. 학교 쉬는 시간마다 지난 수업 내용을 짧게 정리하고, 집에 돌아가 그날 배운 내용을 완전히 복습한다. 이를 위해 교과서와 문제집을 모두 가지고 다닌다. 매일 복습하고, 3~4일 동안 공부 내용이 쌓이면 처음부터 다시 한 번 정리한다. 시간이 걸리더라도 이렇게 복습하면, 시험 기간에 공부하기가 훨씬 수월하다. 집에서 복습한 내용을 어머니께 이야기해 드리는 것을 즐긴다. 중학교 때부터 지금까지 해온 나만의 공부법이다. 목차에 따라 순서대로 내용을 설명하면서 어머니와 대화도 나누고, 잘 이해하지 못했거나 빠뜨린 부분을 확인해서 보충한다.

● 벼락치기로는 절대로 최상위권에 도달할 수 없다. 계획표를 세워 체계적으로 공부하면서 충분한 복습과 예습을 했다. 수업 시간에도 최대한 집중력을 발휘해 선생님 말씀을 경청하고 틈틈이 복습했다. 내신은 주로 선생님이 수업 시간에 강조했던 것에서 나오기 때문에 수업 시간에 졸거나 딴생각을 하면 안 된다. 선생님이 말씀하시면 혼자서 속으로 대답하거나 질문을 떠올리는 방법으로 수업 시간을 따라가다 보면 학습 효율을 높일 수 있다.

4 천재성을 깨우는 진정한 힘 '독서와 집중력'

송유근 부모가 밝힌 '집중'의 비밀

송유근 어머니는 '아이가 이것을 잘하니, 이제는 저것을 시켜봐야지'라는 태도를 버리라고 충고한다. 해야 하는 공부의 종류가 늘어나면 아이가 한 분야에 관심을 갖고 성장할 기회가 그만큼 줄어든다는 것이다. 하루 중 할 수 있는 일을 적어놓고, 아이가 제일 하고 싶어 하는 일 한 두 가지만 남기고, 나머지는 매직펜으로 지워버려야 한다. 대신 그것이 영어든 바둑이든 노래든 물리학이든, 한 번 선택했으면 시간과 정성을 다 쏟아부으라고 한다. 그렇게 공부한 송유근은 하루 14시간 동안 공부하고 실험해도 지루한 줄을 모른다고 한다.

송유근은 방송 인터뷰 중 어머니에게 갑자기 "천연두가 뭐야?"라고 묻더니, "소보로빵이 뭐야?"라며 궁금해 했다. 송유근 어머니는 그 쉬운 질문에도 태평한 표정으로 "그게 뭐지? 알아봐야겠네."라고 답한다. 송유근은 한참 뒤 "마마 자국을 곰보라고 해? 그게 소보로랑 같아?"라고 했다. 송유근의 부모는 뭔가를 바로 가르치거나 고쳐주지 않고, 책이든 현장이든 직접 배울 수 있도록 이끌었다. "산이 뭐야?" 라고 물으면 산으로, "사자가 뭐야?"라고 물으면 동물원으로 데리고 갔다는 것이다.

송유근 부모의 성공 전략 3가지

01 :호기심과 질문:

방송 인터뷰 중 어머니에게 갑자기 "천연두가 뭐야?"라고 물었다.

02 :직접 체험 중시:

"사자가 뭐야?"라고 물으면 동물원으로 데리고 갔다.

03 :무서운 집중력:

하루 14시간 동안 공부하고 실험해도 지루한 줄을 모른다.

정철희 교수의 **어드바이스**

독서가 아이의 천재성을 깨운다

그를 천문 연구로 이끈 것은 바로 한 권의 책이었다

세상을 이끄는 천재들인 스티브 잡스, 오프라 윈프리, 빌 게이츠는 "나는 한 권의 책으로부터 왔다."라고 말한다. 과연 책 속의 무엇이 그들을 변화시켰을까? 1997년생인 송유근은 만 6세에 초등학교 6학년으로 입학해 3개월 만에 졸업한 후 2005년 고졸 검정고시에 합격, 이듬해 인하대학교 자연과학계열에 최연소로 입학했다. 이후 2008년 인하대를 자퇴하고 학점은행제 및 독학학위제를 통해 학위를 받았으며, 현재는 대전 과학기술연합대학원대학교 천문우주과학전공 석사과정에 입학해 항공우주학 석·박사 통합 과정을 밟고 있다.

그를 천문 연구로 이끈 것은 바로 한 권의 책이었다.

가장 중요한 것은 엄마도 옆에서 책을 읽어야 한다는 것이다

아인슈타인 남매로 유명한 일본계 미국인 사유리 야노(15)와 그의 오빠 쇼 야노. 사유리는 10살의 어린 나이에 미국 트루먼대에 전액 장학생으로 입학했고, 지금은 3대 음대 중 하나인 피바디 음악원에 다니고 있는 영재다. 그의 오빠인 쇼 역시 20살에 의대를 졸업하여 화제가 되었다. 천재 남매를 키워 낸 이들의 부모는 "아이큐가 높아도 배우지 않으면 발전할 수 없으며, 모든 아이디어는 책에서 나온다."라고 강조한다.

딸아이를 4년 장학생으로 하버드대에 입학시킨 한 어머니는 "나는 아이들이 한 살이 되기 전에 그림책을 읽어 주었다. 장난감처럼 친숙해지도록 말이다. 억지로 읽으라고 강요할 필요는 없다. 그냥 책을 건네주면 자연스럽게 읽는다. 가장 중요한 것은 엄마도 옆에서 책을 읽어야 한다는 것이다. 엄마는 텔레비전을 보면서 아이에게 독서를 강요하면 아이가 책을 읽으려 하지 않을 것이기 때문이다."라고 말했다.

에디슨을 천재로 만든 진정한 힘은?

천재적인 발명왕 에디슨은 어린 시절 저능아로 여겨졌고, 초등학교도 입학한 지 3개월 만에 자퇴하여 정규 교육도 제대로 받지 못했다. 그런 에디슨을 천재적인 발명왕으로 만든 것은 바로 독서와 노력, 그리고 집중에 있었다. 에디슨의 어머니는 에디슨이 학교에서 자퇴한 후 낙담하기보다는 직접 독서 지도를 하면서 아들을 교육시켰다. 에디슨이 10살이 되던 해에 이미 에드워드 기번의 ≪로마제국 흥망사≫, 데이비드 흄의 ≪영국사≫와 같은 역사서에서 셰익스피어와 디킨스의 명작에 이르기까지 광범위하게 책을 독파했다.

어머니가 권해준 ≪자연 철학의 학교≫라는 과학 서적은 에디슨이 실험에 몰두하게 된 계기가 되었다. 15살이 되던 해 디트로이트에서 무료 도서관이 문을 열 때, 도서관 개관하는 날 제일 먼저 달려가 회원에 가입한 사람은 에디슨이었다. 그 후 에디슨은 이 도서관의 거의 모든 책을 독파했다. 에디슨은 10대에 2만 권 이상의 책을 읽었다. 이러한 엄청난 독서가 천재 에디슨이 만든 것이다.

에디슨을 천재로 만든 또 다른 힘은 노력과 집중에 있었다. 자신을 천재라고 칭하는 사람들에게 "나는 천재가 아니라 단지 사람들이 잠자는 시간에 자지 않고 노력한 것일 뿐"이라고 말했다. "매일 같이 당신도 무엇인가를 한다. 아침 7시에 일어나 밤 11시에 잠자리에 든다면, 16시간의 이용 가능한 시간이 있다. 문제는 대부분의 사람들은 이 시간 동안 여러 가지 일을 한다는 것이다. 하지만 나의 경우, 한 가지 일에만 집중한다. 만약 한 가지 방향과 일에 열중할 수 있다면 성공할 것이다. 다만 열중할 수 있는 그 한 가지 일을 발견하지 못하고 있다는 사실이 문제다."

지독히도 책을 좋아하는 아이, NASA를 꿈꾸다

며칠 전 아이를 과학 영재로 키운 초등학교 6학년 상훈이 어머니는 이렇게 말했다. "아이가 너무 갖고 싶어 하기에 아인슈타인이 상대성 이론에 대해 강의한 것들을 모은 책을 선물로 사주었는데, 읽지 않고 계속 쳐다만 보는 거예요. 왜 안 읽느냐고 하자 아까워서 못 읽겠다며 한참동안 책 표지를 보고 있더군요. 저는 초등학교 시기까지는 교과 과정 진도를 많이 나가는 것보다 좋아하는 분야의 책을 읽는 것이 더 중요하다고 생각합니다. 독서를 하면 자연히 관심 분야가 생기고, 여유 시간을 낭비하지 않는 장점이 있거든요."

상훈이는 지독히도 책을 좋아한다. 어렸을 때는 일어나면 곧바로 책을 읽었고, 인근 지역 도서관에도 자주 갔다. 지금도 방과 후에는 어김없이 책을 손에서 내려놓지 않는다. 상훈이는 "리처드 파인만의 물리학 책을 읽고 입자물리학에 관심이 생겼다."고 말했다. 상훈이는 현재 영재 학교 입학을 목표로 공부하고 있다. 과학을 잘해 교내는 물론이고 교외 대회에서도 상을 휩쓸었다. 최근에는 한국과학창의재단 주최 과학탐구토론대회에서 상을 받았다. 상훈이는 미국으로 가서 입자물리학을 전공한 후 미국항공우주국(NASA)에 입사하는 것이 꿈이다. 상훈이는 2년 전, NASA 50주년을 기념해 그동안의 독서 실력을 바탕으로 우주선의 역사에 관한 책을 냈고, 올해는 '물체의 에너지 수식과 소립자의 극초광속 현상'에 관한 논문을 썼다.

집중하기 테스트

테스트 방법

- 1점 – 전혀 그렇지 않다 2점 – 그렇지 않다 3점 – 반반쯤이다
  4점 – 보통 그렇다 5점 – 항상 그렇다순으로 답한다.
- 각 항목 [ ]에 점수를 매긴다.
- 각 항목별 점수를 합한다.

테스트 시작

[ ] 공부할 때 공부에 방해되는 텔레비전이나 라디오 등은 꺼놓고 공부한다.

[ ] 공부를 하기 전에 공부할 분위기와 마음가짐을 갖춘다.

[ ] 주로 같은 시간, 같은 장소에서 공부하는 편이다.

[ ] 공부할 때 다른 생각이 들어 집중이 잘되지 않을 경우, 집중하는 방법을 알고 있다.

[ ] 공부를 하기 시작하면 오래 앉아 있는 편이다.

- 테스트 점수 : ______점
  - 10점 미만 매우 낮음 • 10~14점 낮음 • 15~19점 보통 • 20점 이상 높음
- 나의 집중하기는 어떤 수준인가?
- 테스트 결과에 대한 나의 생각은?

최상위 0.1% '집중력' 이야기

● 집중이 안 되는 날에는 아예 공부를 하지 않는다. 차라리 잠을 자거나 수필집을 읽는다. 스트레스가 쌓이면 친구들과 노래방에 가거나 운동장에서 공을 찬다. 놀 때와 공부할 때의 구분이 확실하다. 단 10분을 공부해도 제대로 집중하는 것이 진짜 공부라고 생각한다.

● 나는 공부할 때 조용한 공부방에서 하는 것이 아니라 북적거리는 거실에서 한다. 가족들이 함께 사용하는 거실에서 공부하는 것이 자칫 집중력을 방해하지는 않을까 생각되겠지만 전혀 그렇지 않다. 공부에 몰입한다면 주변 환경은 그리 중요하지 않다. 오히려 가족들이 늘 지켜본다는 생각때문에 딴생각을 하지 않고 공부에만 집중할 수 있다.

● 공부는 무엇보다 동기 부여가 중요한 것 같다. 하루에 3시간을 공부해도 성공하는 수험생이 있는가 하면 10시간을 공부해도 실패하는 수험생이 있는 것은 바로 이 때문이라고 생각한다. 누구에게나 주어진 시간은 똑같다. 공부를 하고자 하는 동기가 있으면 집중력이 생기고 효율성도 높아진다.

최선을 다하는 사람이 최고! 나는 최선을 다한다

5

김수진이 밝힌 '최선 다하기'의 비밀

열심히 공부하지 않으면 1등을 할 수 없다. 성적이 나에게 거짓말을 한다고 생각하지 않는다. 내가 공부한 만큼 성적이 나오기 때문이다. 단, 선생님이 가르쳐 준 것을 내 것으로 만드는 작업이 중요하다.

나는 개인적으로 학교 수업을 매우 열심히 듣는 편이다. 선생님의 눈을 쳐다보며 어느 것 하나도 놓치지 않으려고 노력한다. 시험 문제는 학교 선생님이 출제한다. 그만큼 내가 공부하는 데 있어 학교 수업의 비중은 크다.

시험 또는 과목의 종류마다 어느 부분에 초점을 맞추어 중심으로 해야 할 것인지가 다르다. 또 시험을 칠 때는 컨디션도 중요하며, 어느 정도 운도 작용한다고 생각한다. 그리고 내신 1등을 하기 위해서는 예·체능과 수행평가 점수까지 잘 받아야 한다. 그 모든 것에서 나는 내가 할 수 있는 한 최선을 다한다.

김수진의 성공 전략 3가지

01 :최선을 다한 노력:

나는 내가 할 수 있는 한 최선을 다한다.

02 :공부 전략:

시험 또는 과목의 증류마다 초점을 달리 하여 공부한다.

03 :수업 집중:

선생님의 눈을 쳐다보면서 어느 것 하나라도 놓치지 않으려고 노력한다.

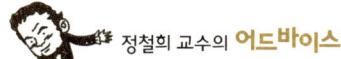

정철희 교수의 **어드바이스**

싫으면 그만두라, 그러나 하려면 최선을 다하라

'싫은 일을 억지로 한다면?', '모든 일을 적당히 한다면?' 이 물음에 대해 유대인 부모들은 자녀들에게 "싫으면 그만두라! 그러나 하려면 최선을 다하라."라고 가르친다. 최선을 다하는 것의 결과는 놀랍다. 유대인은 세계 인구의 0.2% 밖에 안 되지만 역대 노벨상 수상자의 23%, 아이비리그 학생의 22%, 미국 억만장자의 40%를 차지할 뿐만 아니라 경제와 문화 등 다방면에 거쳐 세계를 이끄는 리더 대열에 속해 있다.

꿈이 있으면 그리 힘들어 하지 않는다

가지 않으려는 말을 억지로 물가로 끌고 가서 물을 먹이기란 참으로 어렵다. 그러나 목이 타는 말은 내버려 두어도 물가를 찾는다. 마찬가지로 아이가 하기 싫어하는 공부를 억지로 시키려고 한다면, 밑 빠진 독에 물을 붓는 격이 된다. 아이가 스스로 알아서 하게 하려면 아이 스스로 정한 꿈, 매력적인 목적지를 향해 가게 해야 한다. 자신이 좋아하는 일을 선택하면 아무리 그 일이 힘들어도 충분히 즐거울 수 있다. 사람이 꿈이 있으면 지금 아무리 힘들어도 그리 힘들어 하지 않는다. 꿈을 향해 가고 있기 때문이다.

아무리 힘들어도 항상 최선의 길을 선택하라

피타고라스는 "아무리 힘들어도 항상 최선의 길을 선택하라. 습관이 되면 선택이 더 쉽고, 즐거워질 것이다."라고 말했다. 가장 어렵거나 힘든 것을 선택하는 습관을 가져라. 그러면 더 쉽고 즐거워진다는 말이다. 꿈을 이루기 위해서는 대가를 치를 각오를 해야 한다는 말과 일맥상통하는 말이다. 꿈을 이루려면 목표를 향해 최선을 다해야 한다. 최선을 다하지 않거나 중간에 포기하면 절대로 정상에 설 수 없다.

최선이란 자신의 노력이 자신을 감동시키는 것

작가 조정래는 "최선이란 자신의 노력이 자신을 감동시킬 때 할 수 있는 말이다."고 했다. 최선을 다하고 나면 결과에 상관없이 뿌듯해질 수 있다. 과연 나는 나의 노력이 나를 감동시킬 정도로 최선을 다한 적이 있는지를 스스로에게 물어보자. 다른 일에 감동했던 기억을 되새겨 보면 감동의 순간에 느끼는

희열이 대단한 것이라는 생각이 들 것이다. 내 자신의 노력으로 인해 그 감동의 순간을 느낄 수 있다면 최선을 다해볼 만 하지 않겠는가? 자신의 노력에 감동해보도록 하자. 공부에 최선을 다하는 것은 등수에 상관없이 커다란 용기이고, 인내이며, 성공에 이르는 길이다. 꿈을 이루고 싶다면 매 순간 최선을 다하고, 끊임없이 변화하고 발전하기 위해서 최선을 다해 노력해야 한다.

즐겁게 최선을 다한 미켈란젤로

이탈리아에 가난하고 어린 정원사가 있었다. 정원사의 나이는 고작 14살로, 명문 메디치가의 정원에서 일을 했다. 어린 정원사는 다른 정원사들이 잡담을 나누며 쉴 때도 열심히 일하였다. 또 작업 시간이 끝나면 나무로 만든 화분에 꽃무늬를 조각했는데 그의 손길이 스쳐간 화분은 모두 멋진 조각품으로 변했고 그만큼 정원은 더욱 아름다워졌다.

어느 날 정원에 홀로 남아 땀 흘리며 조각에 몰두하는 그를 본 주인이 물었다. "나무 화분에 조각을 한다고 임금을 더 주는 것도 아닌데 왜 이렇게 수고를 하느냐?" 어린 정원사는 웃으며 말했다. "저는 정원사로서 이 정원을 아름답게 꾸밀 의무가 있습니다. 화분에 조각을 하는 것도 정원을 가꾸는 일 중에 하나라고 생각합니다. 이 일을 할 수 있도록 기회를 주신 것에 대한 보답으로 시작한 일이지만 지금은 제 자신이 더욱 즐겁게 일하는 이유이기도 합니다."

어린 정원사의 성실함과 투철한 책임감에 감탄한 주인은 뛰어난 손재주를 더욱 키울 수 있도록 후원해주었다. 틈날 때마다 조각을 하고 기뻐하는 모습을 보며 그가 훌륭한 조각가가 될 거라고 예견했기 때문이다. 정원사는 청년이 되어서도 꿈을 향해 끊임없이 노력하였고, 결국 르네상스 시대 최고의 조각가이자 건축가, 화가가 되었다. 그는 바로 천재 예술가로 불리는 미켈란젤로이다. 그의 위대한 성과와 명성은 자신에게 주어진 일에 최선을 다하며 그 안에서 스스로 즐거움을 찾기 위해 노력한 것에서부터 시작되었다.

최선 키워드 5가지 체크리스트

어떤 일을 하든지 자신이 최선을 다하는 것이 가장 중요하다. 최선을 다하는 방법이란, 목표는 자신의 능력에 약간 버겁다 싶을 정도로 높게 잡고, 계획은 치밀하게, 실천은 확실하게 하는 것을 말한다. 인간은 누군가가 최선을 다하는 모습에서 감동을 느낀다. '나는 최선을 다하는 사람인지 '최선 키워드 5가지'를 체크해보고, 부족한 부분을 찾아 스스로 완성해 나가자.

나는 어떤 과제(일)를 수행할 때

- ☐ **1.** 최선을 다하는 마음을 가지고 있는가?
- ☐ **2.** 최선을 다하는 생각을 가지고 있는가?
- ☐ **3.** 최선을 다하는 습관을 가지고 있는가?
- ☐ **4.** 최선을 다하는 태도를 가지고 있는가?
- ☐ **5.** 최선을 다해 실천하는가?

6 성공으로 가는 가장 빠른 길 '매일 실천하기'

김하연이 밝힌 '매일매일 5단계 공부법'의 비밀

공부 계획은 보통 한 달, 일주일 단위로 짜야 하는 것으로 알려져 있지만 김하연은 계획을 매일매일 새로 짰다. 아침에 '오늘 뭘 공부해야 할까'하는 대충의 밑그림을 그리고, 학교 수업을 들으면서 '오늘은 이것이 부족하다'라는 감을 잡고, 집에 돌아오면서 그날의 공부 계획을 구체화한다. 집에서는 그날의 숙제와 꼭 필요한 학과 복습을 1~2시간 한 뒤, 수학이나 영어 등 그날의 공략 부분을 문제집 등을 풀면서 1시간여 동안 공부한다. 주말에는 주요 과목 EBS 강의를 들었다. 이렇게 스스로 하는 '공부 실험'에 1년쯤 과감히 투자했다. 김하연의 실제 공부시간은 많지 않지만 이러한 습관이 쌓여 1년 후 엄청난 성적 향상을 이루었다.

김하연의 '매일매일 5단계 공부법'은 다음과 같다.

:: 1단계 : 아침에 '오늘 무엇을 공부해야 할까'하는 대충의 밑그림 그리기

:: 2단계 : 학교 수업을 들으면서 '오늘은 이것이 부족하다'는 감 잡기

:: 3단계 : 집에 돌아오면서 그날의 공부 계획을 구체화하기

:: 4단계 : 집에서는 그날의 숙제와 꼭 필요한 학과 복습하기

:: 5단계 : 수학이나 영어 등 그날의 공략 부분에 대한 문제집 풀기

김하연의 성공 전략 3가지

01 :매일 계획하기:

공부 계획을 매일매일 세웠다.

02 :부족한 것 감 잡기:

학교 수업을 들으면서 '오늘은 이것이 부족하다'는 감을 잡는다.

03 :스스로 공부 실험:

스스로 하는 '공부 실험'에 1년쯤 과감히 투자했다.

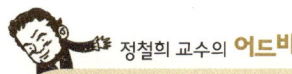

정철희 교수의 **어드바이스**

짧은 시간이라도 매일매일 공부하라

매일 새로운 계획 세우기

매일 새로운 계획을 세워서 공부하려면 부지런해야 한다. 그날그날 필요한 공부를 더 보충하고, 그때그때 취약한 것들을 빠르게 보완할 수 있다는 장점이 있다.

매일 목표 세우기

가장 중요한 것은 목표를 세우는 것이다. 목표는 현재 내가 무엇을 해야 할지에 대한 기준을 제시해주기 때문에 그것이 얼마나 뚜렷한지에 따라 행동과 사고방식이 달라질 수 있다.

매일 계획표 작성하기

우선 수면 시간과 식사 시간, 학교 수업이나 학원 강의와 같은 고정된 시간, 자유롭게 쓸 수 있는 시간을 파악해야 한다. 자유롭게 쓸 수 있는 시간을 확보한 뒤에 공부와 휴식에 적절하게 배분하면 된다. 공부는 되도록 매일 일정한 시간에 하는 것이 좋다. 계획을 수립할 때는 학습 목표량을 명확히 설정하는 것이 좋다. '책상 앞에 몇 시간 앉아 있겠다.'라는 절대적 시간보다 '목표량을 얼마나 완수했느냐'가 실천의 핵심이다.

매일 계획 완수하기

그날의 계획한 일을 실천했을 때는 스스로에게 칭찬과 격려, 보상을 주는 방식으로 공부 흥미를 높이는 것이 좋다. 계획을 실천하지 못했을 때 이를 보완할 수 있는 '여유 시간'을 계획표에 넣는 것도 효과적이다.

학습 계획 실천 매일 4단계로 체크

용인외고 합격 김지윤, 중학 3년 동안 전 과목 '수'를 받은 비결

스스로 '해·달·별·땅'으로 4개 등급으로 분류

공부할 때 학습 계획표가 담긴 큰 수첩을 항상 갖고 다녔다. 수첩에는 학습 계획, 도서 목록, 과목별 과제 등을 적었다. 이를 실천한 완성도에 따라 스스로 '해·달·별·땅'으로 4개 등급으로 분류했다. 실천하지 못해 '땅'을 매긴 학습 계획은 다음 주 계획에 반영했다. 실천하지 못한 이유를 적고 그에 따라 학습할 분량이나 내용을 능력에 맞게 조절했다. 가장 학습 효과를 높일 수 있는 방안을 찾아 자신의 역량을 키운 것이다. 이를 통해 자신에게 맞는 학습량을 찾고, 학습 방법을 보완했다.

김지윤의 성공 노트

□ **1.** 공부할 때 학습 계획표가 담긴 큰 수첩을 항상 갖고 다녔다.

□ **2.** 실천한 완성도에 따라 '해·달·별·땅'의 4개 등급으로 분류했다.

□ **3.** 실천하지 못해 '땅'을 매긴 학습 계획은 다음 주 계획에 반영했다.

7 노력하는 자가 큰 결과를 만들어 낸다

양수연이 밝힌 '노력'의 비밀

노력하는 자에게는 반드시 대가가 돌아온다. 너무 1등에만 목숨 걸지 말고 항상 노력하는 자세로 열심히 임하다 보면 자신도 모르는 사이에 성적이 향상될 것이다. 시험공부를 할 때 단순 암기식으로 외우다 보면 금방 잊어먹게 되어 다음 번에 연결지어 공부하려고 해도 쓸모가 없게 된다. 어떤 공부를 하든 내 것으로 만든다는 생각을 갖고 확실하게 정리해야 한다.

나는 내가 해야 할 공부를 스스로 찾아서 하는 편이다. 그리고 가지고 있는 자료, 주위의 친구, 선생님 등 주어진 환경을 잘 이용한다. 평소에 궁금증이 생기거나 문제집을 풀다가 모르는 문제가 있으면 절대 그냥 넘어가지 않고 끝까지 확인한다. 시험 기간에는 다른 것에 빠지지 않고 오직 시험에만 집중하고, 시험 전에 계획표를 짜서 체계적으로 준비한다.

양수연의 성공 전략 3가지

01 :끝까지 확인:

모르는 문제가 있으면 끝까지 확인한다.

02 :노력하는 자세:

항상 노력하는 자세로 열심히 임했다.

03 :확실한 정리:

내 것으로 만든다는 생각을 갖고 확실하게 정리한다.

정철희 교수의 **어드바이스**

꿈을 가지고 노력하면 이룰 수 있다

노력하는 자에게는 반드시 대가가 돌아온다

"1등은 누구나 할 수 있다. 성적이 한꺼번에 오르기는 쉽지 않지만, 잘 안 된다고 해서 포기하지 말아야 한다. 모르겠으면 2번, 3번, 4번이라도 알 때까지 포기하지 않고 도전해야 한다. 결국 공부는 자신과의 싸움이다. 이 세상에는 노력하면 안 되는 것이 별로 없다. 노력하는 자에게는 반드시 대가가 돌아온다. 항상 노력하는 자세로 열심히 임하다 보면 자신도 모르는 사이에 성적이 향상될 것이다." 전교 1등하는 아이들이 공통적으로 하는 말이다. EBS 다큐 '학교란 무엇인가' 제작팀이 "최상위 0.1% 800명에게 공부 잘하는 비법을 물었더니 '부단한 노력'을 1위로 꼽았다.

하늘은 스스로 돕는 자를 돕는다

무엇이든 자신의 꿈을 이루기 위해서는 '포레스트 검프'와 같이 노력하는 사람이 되어야 한다. 청년 피터 드러커가 독일의 한 신문사에서 사회생활을 시작했을 때 국장은 그가 쓴 첫 칼럼을 내던지며 이렇게 말했다고 한다. "형편없어! 제대로 안 할 거라면 당장 때려 치워! 계속 그따위로 할 거라면 다른 직장을 찾아보라고!" 그래서 그는 정말 제대로 해보기 위해 필사적으로 노력을 했다. 그 이후 그는 미국 뉴욕대 교수를 거쳐 세계적인 경영학자가 되었다. 부단한 노력이 없이는 아무것도 이룰 수 없다. "하늘은 스스로 돕는 자를 돕는다." 라고 했다. 결국 열심히 노력하는 자만이 성공을 얻게 된다.

진정한 노력은 결코 배반하지 않는다

금세기 예술계의 거인인, 파블로 카잘스에게 어느 날 기자가 물었다. "카잘스 선생님, 이제 당신은 95세이고 세상에서 가장 위대한 첼리스트로 인정받고 있습니다. 그런데 아직도 하루에 6시간씩 연습하는 이유가 무엇입니까?" 카잘스가 대답했다. "왜냐하면, 내 자신의 연주 실력이 아직도 조금씩 향상되고 있기 때문이오." 파블로 카잘스는 역사상 가장 위대한 첼리스트였지만 95세의 나이에도 하루도 빠지지 않고 6시간씩 첼로를 연습했다고 한다. "하루를 연습하지 않으면 내가 알고, 이틀을 연습하지 않으면 아내가 알고, 사흘을 연습하지 않으면 청중이 안다."고 말한 20세기 후반 클래식 음악계를 이끈 마에스트로 레너드 번스타인. 지휘자이자 작곡가, 연주자였던 그도 끊임없는 연

습으로 음악의 경지를 한 단계 높였다. 미국 PGA에서 활약 중인 최경주 선수는 "노력하지 않은 사람은 노력의 대가를 얻을 수 없고, 노력의 대가는 반드시 본인이 한 만큼 이루어진다."라고 말했다. 무시무시한 정신력과 목숨을 건 노력이 불가능을 가능으로 만든다.

세상에 쉬운 일은 하나도 없다. 하지만 안 되는 일도 없다

한 분야에서 큰 성공을 거둔 사람이 다른 분야에 도전하여 성공을 거두기는 쉽지 않다. 탁구선수로 중국의 올림픽 영웅이 된 덩야핑은 지난 1997년 탁구 라켓을 내려놓고 24살의 나이에 중국의 칭화대를 거쳐 영국 케임브리지대에 입학하였고, 지금은 중국 검색 포털 기업의 CEO가 되었다.

'불가능은 없다.'는 신념이 자리 잡는다

올림픽과 세계 대회에서 무려 18개의 금메달을 목에 걸었던 탁구 마녀 덩야핑. 탁구선수로서 더 이상 오를 나무가 없던 그는 어느 날 라켓을 내려놓고, 영어 사전을 잡는다. 그리고 칭화대 영문과에 특별 전형으로 입학한다. 이후 그는 영국의 최고 명문대학인 케임브리지대에서 경제학 박사 학위를 받는다.

덩야핑은 아버지의 손에 이끌려 5살 때 라켓을 쥐었고, 10살이 되던 해에 전국 청소년 탁구대회에서 우승을 한다. 그때부터 그의 마음속에는 '불가능은 없다.'는 신념이 자리 잡는다. 이후 혹독한 훈련으로 단련한 덩야핑은 13살에 국가 대표가 된다. 덩야핑은 국가 대표가 되고 나서 더 열심히 훈련에 임했다. 식사 시간이면 언제나 꼴찌로 밥을 먹었고, 연습상대가 없을 때는 탁구 기계를 상대로 훈련을 계속했다. 남들 1년 신는 운동화를 한 달 만에 갈아치울 정도로 연습을 했다. 그래도 그는 계속 온몸이 땀에 흠뻑 젖도록 연습을 멈추지 않았다.

그는 하루 14시간 학업에 매달렸다

공부도 그렇게 했다. 그는 하루 14시간 학업에 매달렸다. 그가 케임브리지대의 경제학 박사가 된 것은 선수 시절 몸에 밴 집념과 노력, 도전 정신의 결과일 것이다. 기자가 "탁구와 박사 학위, 그리고 비즈니스 가운데 무엇이 당신에게 가장 쉽고, 무엇이 가장 어려운 일인가?"라고 물었더니 "세상에 쉬운 일은 하나도 없다. 하지만 안 되는 일도 없다."라고 말했다.

동기 및 실천력 테스트

테스트 방법

- 1점 – 전혀 그렇지 않다　　2점 – 그렇지 않다　　3점 – 반반쯤이다
  4점 – 보통 그렇다　　5점 – 항상 그렇다순으로 답한다.
- 각 항목 [　　]에 점수를 매긴다.
- 각 항목별 점수를 합한다.

테스트 시작

[　] 공부를 할 때는 열심히 하려고 노력한다.

[　] 숙제가 재미없더라도 일단 시작하면 끝을 맺는다.

[　] 좋은 성적을 받는 것은 나에게 중요하다.

[　] 목표를 세우고 그 목표를 달성하기 위해 노력한다.

[　] 공부를 하는 것은 나에게 도움을 준다.

■ 테스트 점수 : ______점

•10점 미만 매우 낮음　•10~14점 낮음　•15~19점 보통　•20점 이상 높음

■ 나의 성취 동기는 어떤 수준인가?

■ 테스트 결과에 대한 나의 생각은?

최상위 0.1% '노력' 이야기

● 나는 늘 무엇인가를 하고, 또 하려고 노력한다. 잠시라도 생각을 멈추지 않는다. 포털 사이트에 올려진 이색적인 질문이나 과학 잡지에 올려진 다양한 문제를 보고 어떻게 하면 문제를 해결할 수 있을지 답을 찾아보곤 한다. 꼭 교과와 관련된 것만 한정해서 공부하지 않는다. 이 과정에서 창의력과 문제 해결력이 발달한다고 확신한다.

● 중위권 학생들은 잘하고 싶다는 욕심은 있지만, 실제로 성적이 오르지 않는 경우가 많다. 그 욕심을 실천으로 옮기지 않았기 때문이다. 시험 1~2주 전에 공부를 다한 것 같다는 느낌이 들면, 아직 부족한 것이 있다는 뜻이다. 공부를 할수록 계속 부족한 것이 보여야 한다. 나는 침대에 누우면 공부한 내용이 머릿속에 다 떠오를 정도로 시험 공부를 한다. 그제야 공부를 다 했다는 느낌이 든다. 몇 시간 공부해야 한다는 강박 관념에 사로잡히기보다는, 부족한 부분이 없을 때까지 몇 번이고 반복해서 공부하는 자세가 중요하다.

● 공부의 왕도는 없다. 오직 노력만이 유일한 비결이다. 학원에 다니는 대신 학교에서 방과 후 학교 수업을 선택해 듣고, 11시까지 독서실에서 묵묵히 자습을 한다. 학교 수업만으로도 진도를 나가는 데 부족함이 없기 때문에 굳이 사교육에 의지하지 않는다. 자기주도적으로 착실히 노력하면 분명히 좋은 성과가 있을 것이라 확신한다. 그날 수업 때 배운 것을 복습하고, 자습시간에는 문제집과 참고서를 이용하여 해당 과목을 정리하는 것만으로도 시간이 부족하다.

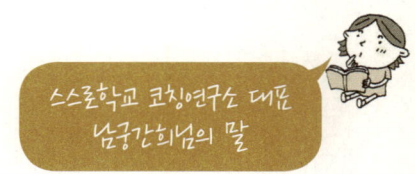

스스로학교 코칭연구소 대표
남궁간희님의 말

공부는 누가 시켜서 하는 것이 아니라는 진리를 일깨워주는 책

학교의 패러다임이 바뀌고 있습니다. 혁신학교부터 대안학교에 이르기까지 다양한 학교가 공존하고 있습니다. 공교육과 제도권 교육이 전부였던 세대가 지나고 새로운 대안과 전망을 제시하는 세대가 부모가 되었습니다. 하지만 제도가 바뀌고 정책이 바뀌어도 바뀌지 않는 것이 하나 있습니다. 그것은 바로 '공부는 누가 시켜서 하는 것이 아니라는 것'입니다. 옛날이나 지금이나 누군가 시켜서 하는 공부는 전혀 효과가 없습니다. 이 책은 이러한 진리를 다시 한번 일깨워주는 듯합니다. 이 책을 읽는 여러분이 진리는 멀리 있는 것이 아니라 책 속에 있다는 사실을 하루빨리 깨달아 성공하는 인생을 살게 되기를 바랍니다.

남궁간희_ 스스로학교 코칭연구소 대표

Special Page

"공부스타들의 숨겨진 비밀"

1. 매일 아침밥 먹기

아침밥을 먹으면 뇌가 깨어난다

아침 식사는 밤새 쉬고 있던 대뇌를 자극해 뇌에 영양을 공급하는 중요한 과정이다. 뇌에 존재하는 1,000억 개 이상의 신경세포는 다른 조직과는 달리 포도당만으로 에너지를 보충하기 때문에 뇌를 깨우려면 반드시 아침을 먹어야 한다. 저녁 식사 이후 아침까지 긴 공복 상태가 되면 혈액 속의 포도당 수치가 낮아져서 뇌 기능이 떨어질 수밖에 없다. 아침밥을 먹으면 쌀을 통해 섭취된 탄수화물이 소화되면서 포도당으로 분해된다. 뇌에는 포도당을 따로 저장하는 공간이 없기 때문에 뇌가 활동을 하려면 혈액 속에 일정한 포도당의 농도가 유지되어 끊임없이 공급해주어야 한다. 아침을 굶으면 시상하부의 식욕 중추가 흥분하면서 불안감과 피로, 초조함을 느끼게 된다. 많은 의료진의 연구 결과, 아침을 먹는 아이들이 그렇지 않은 아이들보다 집중력과 학습 능력이 높은 것으로 밝혀졌다.

0.1%의 비밀, '아침밥을 먹는다.'

EBS 〈학교란 무엇인가〉 제작팀이 0.1% 아이들 800명을 조사한 결과, 아침 식사를 하는 아이들이 90% 이상으로, 보통 아이들에 비해 압도적으로 많았다. 또 1,060만 명을 대상으로 학교 아침 급식 프로그램을 운영해 온 미국의 2009년 연구 결과를 보면, 학교에서 아침 급식을 제공받는 아이들이 그렇지 않는 아이들에 비해 수학 성적과 읽기 능력, 기억력과 인지 속도가 높고 시험 성적이 좋은 것으로 나타났다. 하버드 의과대학 로널드 클래이먼 교수는 "연구 결과를 보면 아침밥을 먹지 않은 아이들은 수업 태도가 좋지 않습니다. 밥을 먹지 않으면 공부에 집중하기가 어렵습니다. 배가 고프면 음식 생각을 하게 되고, 심지어 신경질적으로 변하게 되죠."라고 말했다.

가족과 함께 밥 먹으면 전교 1등?

하버드 의과대학 연구 결과 아이들이 가족들과 식사를 하면서 배우는 어휘가 책을 읽을 때 배우는 어휘 보다 무려 10배나 많게 나왔다. 컬럼비아대 연구 결과를 보면, 가족과의 식사 횟수가 청소년 흡연과 음주, 마약 경험과도 반비례한 것으로 밝혀졌다. 미국 아이비리그 학생 가운데 23%는 유대인이 차지하고 있다. 그 비밀은 유대인들의 가정 교육에 있는데, 그들의 가정교육은 대부분 가족과 함께 밥을 먹을 때 이루어진다고 한다. 한 식품공학자는 "제가 미국 텍사스보건대에서 교수를 할 때, 유대인들은 연구실에 있다가 집에 가서 저녁을 먹고 다시 나오더라고요."라고 말했다. 가족끼리 밥 먹으면 아이들이 공부를 더 잘한다. SBS 제작진이 조사한 바에 따르면 각 학교에서 전교 1등을 차지한 학생들이 중간 성적의 학생들보다 가족과 식사하는 횟수가 무려 2.5배나 더 많았다.

과학자들이 밝혀 낸 아침밥의 비밀

아침밥을 먹기 전과 아침밥을 먹은 후, 뇌의 활성도를 나타내는 척도인 뇌파를 측정한 결과, 아침밥을 먹기 전에는 뇌에서 볼 수 없었던 붉은 점들이 아침밥을 먹은 후에 뇌의 곳곳에서 나타났다. 뇌의 활성도가 높아진 것이다.

2. 충분한 수면 취하기

잠은 낮에 했던 기억을 저장하는 시간

수면 과학이 밝힌 수면의 비밀 하나. "뇌는 잠을 잘 때 가장 활발하게 움직이며, 잠을 잘 자야 공부도 잘할 수 있다."

"그만 배우고, 공부 좀 해라"라는 말이 있다. 무조건 열심히 공부한다고 해서, 그것이 모두 기억되는 것은 아니다. 공부한 내용을 정리하고, 소화해서 자기 것으로 만드는 과정이 필요하다. 그 과정을 돕는 것이 바로 수면이다. 뇌를 컴퓨터에 비유한다면 낮 동안 해 둔 일들을 다시 한 번 정리하는 일을 잠을 자는 시간에 하는 것이라고 볼 수 있다. 별로 중요하지 않은 기억들은 마치 스팸 메일을 지우듯이 지워버리고 중요한 기억들은 저장하는 작업을 수면 시간에 처리한다. 한마디로 푹 자야 새로운 정보가 저장된다.

잠을 잘 자야 공부도 잘할 수 있다

공부하는 시간을 늘리기 위해 잠을 줄이면, 집중력도 떨어지고 학교 수업 시간에 졸 수 밖에 없다. 결국 잠을 줄이기 전보다 성적이 더 떨어지는 역효과가 생긴다. 현대고 2학년 최석중은 내신이든 모의고사든 전교 1등을 항상 놓치지 않는다. 그는 공부 비결을 묻는 질문에 "공부 때문에 잠을 줄이면 안 됩니다. 하루에 7시간 이상씩 자도 깨어 있는 시간을 최대한 이용하면, 그날 공부할 것과 취미생활을 다 했는데도 시간이 남는 경우가 생깁니다. 저는 규칙적인 생활 덕분에 학교에서 수업에 집중할 수 있었고, 최상위 성적을 유지하는 데 많은 도움이 됐습니다."라고 말했다.

어느 연구 결과에 따르면 똑같은 내용을 외우게 하고 잠을 재우지 않은 학생들과 잠을 재운 학생들에게 학습을 얼마나 이해하고 습득했는지를 연구했더니 잠을 재운 학생들에게서 훨씬 높은 결과가 나타났다. 얼마 전, 수능 만점을 받은 서영교는 책상에 앉으면 4~5시간 동안 화장실에도 가지 않을 정도로 집중을 한다. 그는 "그날 세운 목표량을 달성할 때까지 결코 책상을 떠나지는 않는다."라고 말했다. 서영교의 수능 만점 비밀은 '잠은 푹 자기, 공부는 놀라운 집중력으로 하기'에 있었다. 공부한 내용을 잊어버리지 않으려면 충분한 수면을 취해야 한다. 열심히 공부하고도 뇌에 저장할 시간을 주지 않아 깨어났을 때 기억이 나지 않는다면 참으로 안타까운 일이다.

수면 부족 시달리는 대한민국 청소년들

한국은 OECD 국가 중 수면시간이 가장 짧은 나라, 초등학생 수면시간이 세계에서 가장 짧은 나라이다. 최근 대한수면학회는 "평일에 중3은 6.6시간, 고1은 5.9시간, 고2는 5.6시간을 자는 것으로 조사되었다."고 발표했다. 청소년 적정 수면 시간인 8~9시간에도 한참 못 미친다. 초등학생의 적정 수면시간은 9시간 반 정도인데, 수면시간이 8시간 미만인 만성 수면 부족을 겪는 12세 어린이가 무려 25%나 된다.

수면이 부족하면 스트레스 호르몬인 코르티졸의 분비량이 증가한다. 세계 수면학자들은 수면이 부족한 아이들 중 상당수가 과잉행동장애(ADHD)로 오해받는다는 점을 주목해야 한다고 말한다. 미국 시카고대학병원 소아과 학과장 데이비드 고잘 교수는 아이들의 수면 장애를 치료해주면, 수업에 집중하지 못하는 문제들이 사라질 것입니다."라고 말했다. 이 병원의 연구 결과, 수면이 부족하면 인지 능력이나 기억력 등 학습 능력이 현저히 저하되고, 집중력을 나타내는 알파파가 현저히 낮아지는 것으로 나타났다.

멘토의 한마디

음식은 잠자기 두 시간 전에는 먹지 않도록 한다. 자기 전에 음식을 먹으면 위와 장이 밤새 일해야 하므로 뇌와 몸의 각 기관도 쉬지 못한다. 당연히 숙면을 취하기 어렵다. 뿐만 아니라 혈당이 높은 상태에서 잠자리에 들면 성장 호르몬 분비량도 크게 줄어든다.

과학자들이 밝혀 낸 수면의 비밀

멜라토닌은 수면 호르몬으로서 수면과 면역 기능에 중요한 역할을 한다. 밝을 때는 멜라토닌의 분비가 잘되지 않으므로 불을 끄고 어두운 상태에서 잠을 자야 한다. 아침에 햇빛이 눈꺼풀을 통해 들어오면 멜라토닌의 분비가 급격하게 떨어지면서 잠에서 깨어나게 된다.

3. 공부와 운동 병행하기

공부하느라 운동할 시간이 없는 아이들

최근 서울시 중고생의 생활습관 조사 결과, 여학생의 44%, 남학생의 33%가 거의 운동을 하지 않는 것으로 나타났다. 이유는 대부분 공부하느라 운동할 시간이 없다는 것이다. 공부를 잘하려면 꾸준히 운동을 병행해야 하는데 거꾸로 하고 있는 것이다. 많은 연구 결과, 운동이 부족한 사람의 경우 뇌에 혈당이 충분히 공급되지 않아 기억을 관장하는 뇌의 해마 부분이 점차 줄어들었다.

운동을 병행해야 공부도 잘한다

공부만 하는 학생보다 공부와 운동을 병행하는 학생들의 성적이 더 좋다. 캘리포니아 교육부에서 2001년, 100만 명이 넘는 학생들의 체력 검사 점수와 학업 성취도 평가 점수 사이의 상관관계를 조사하여 발표한 자료에 따르면 양자 간에 뚜렷한 연관성이 있었다. 폐활량, 체지방 비율, 복근력, 몸통 근력 및 유연성, 상체 근력, 전신 유연성이라는 6개 종목을 측정한 결과, 점수가 높은 학생들이 낮은 학생들에 비해 2배나 높은 학업 성취도를 기록하였다. 이는 운동이 공부에 끼치는 영향을 명백히 보여준 조사결과이다. 미국 일리노이 주 주립대 찰스 힐먼 교수는 뇌 조직 활동을 측정해 아이들의 체력과 뇌 기능의 상관관계를 조사한 결과, 체력이 강한 학생들이 집중력이 더 뛰어나고, 산수나 읽기 능력 시험 성적도 더 좋은 것으로 나타났다.

체육 수업을 늘리자 성적이 향상되었다

미국 사우스캐롤라이나 의대 어린이병원 캐서린 킹 박사는 성적이 낮은 초등학생들을 대상으로 매일 꾸준히 하는 운동 프로그램이 교실에서 하는 수업과 어떤 연관성을 갖는지를 분석했다. 킹 박사는 실험 전 일주일에 1번씩 40분간 체육 수업을 받던 아이들에게 일주일에 5번씩 하루에 40분간 시행했다. 그 결과 운동 프로그램 시작 전인 봄보다 매일 꾸준히 운동을 한 가을에 성적이 더 높아졌다. 읽기 과목 성적이 평균 55점에서 평균 68.5점으로 10점 이상 향상되었다. 킹 박사는 "운동이 학습과 인지 능력, 태도를 개선하는 데 도움을 주기 때문이다."라고 말했다.

뇌의 혈액량과 밀접한 관련이 있다

운동은 뇌에 어떤 영향을 미치는 것일까? 운동을 하면 뇌 혈류량이 증가하고, 신경 전달 물질이 효과적으로 전달되어 시냅스 간의 연결망이 촘촘해진다. 이는 뇌기능의 활성화와 연결된다. KBS 1 텔레비전 '생로병사의 비밀' 제작팀은 실험자를 5분간 유산소 운동을 하게 한 후 MRI를 통해 뇌 변화를 측정했다. 그 결과 뇌의 혈류량이 눈에 띄게 증가했고, 특히 사고를 돕는 전두엽이 활성화되었다.

운동으로 제일 크게 피의 흐름의 혜택을 받는 곳이 뇌다. 적절한 운동이 혈류량을 증가시켜 뇌의 발달을 돕는 것이다. 하버드 의대의 존 레이티 교수에 따르면 운동을 할 때 발생하는 화학 물질인 BDNF는 뇌 신경 세포를 새롭게 만들어주며, 스트레스로부터 뇌 세포를 지키고, 뇌의 기능을 증가시킨다고 한다.

과학자들이 밝혀 낸 운동의 비밀

국내 연구진은 최근 운동한 생쥐와 운동을 안 한 생쥐의 뇌를 비교 분석했다. 그 결과 기억과 학습 능력을 담당하는 해마 부위에서 뚜렷한 차이가 확인되었다. 또 운동한 생쥐의 해마 부위 뇌 신경 줄기세포 분화가 30% 가량 더 활발해져 기억력과 학습 속도가 앞선 것으로 분석되었다.

멘토의 한마디

공부 잘하는 아이들은 발에 자극을 주는 운동을 주로 한다. 발바닥에는 모든 신경이 밀집되어 있다. 독일의 과학자들이 사람들의 발바닥을 최대한 자극하여 걷게 한 뒤 어휘력 테스트를 해본 결과 암기 속도가 평소보다 20%나 빨라졌다고 한다.

공부

꿈

미래

왜?

4부

공부가 되는
자기관리와 계획의 원칙

1 가장 좋아하는 일에 '너의 꿈을 세워라'

유지현, '관심사'를 전공으로 만들다

유지현은 카이스트에서 신소재 공학을 전공하고 싶다고 말했다. "과학에 관심이 많아요. 제가 카이스트에 가겠다고 했을 때 주변에서는 일반고 출신이 카이스트에 조기 입학하기는 어렵다고 말렸어요. 그래도 포기하지 않은 것은 과학이 좋았기 때문이에요. 대학에 가서도 열심히 해야죠."

유지현은 고1 때 수학학원과 영어학원에 다녔을 뿐, 그 흔한 경시대회 대비 학원에 다녀본 적이 없다. 그는 "저녁에 학원을 다니고, 그 다음날 학교 수업 시간에 잠을 자는 친구들을 많이 보았다."면서 "차라리 수업 시간에 집중하면 내신 부담이 줄어들고, 내신 부담이 줄면 여유 시간이 생겨 수능 모의고사나 경시대회 준비를 할 수 있다."고 말했다.

유지현의 성공 전략 3가지

01 **:자기주도학습:**

그 흔한 경시대회 대비 학원에 다녀본 적이 없다.

02 **:분명한 목표 의식:**

카이스트에서 신소재 공학을 전공하고 싶다.

03 **:관심 분야 선택:**

포기하지 않은 것은 과학이 좋았기 때문이다.

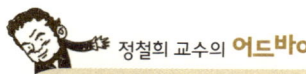

정철희 교수의 **어드바이스**

자신이 좋아하는 일에 집중하라

누구든 자신이 좋아하는 일을 해야 한다

영국 출신의 세계적인 그림책 작가 앤서니 브라운. 무엇이든 그리면 현실이 되는 마술 연필을 들고 모험을 하는 아기 곰의 이야기 등이 담긴 그의 그림책은 아이들뿐만 아니라 엄마들의 마음까지 사로잡았다. 그는 한국의 학생들에게 다음과 같은 메시지를 전했다. "만일 자신이 좋아하고 잘하는 일이 있다면 그 일을 포기하지 말고 계속해라." 이 조언은 철저히 자신의 경험에서 우러나온 것이다. "저는 제가 다섯 살 때 좋아하던 일, 즉 그림을 그리고 이야기를 만들어 내는 일을 지금도 계속하고 있어요. 그래픽 디자인을 전공하고 생일

카드와 크리스마스카드 등을 그리다가 우연히 시작하게 된 일이었지만 금세 이 일을 사랑하게 됐지요." 그는 "어른이 되면 '심각하고 진지한 일'을 해야 한다고 생각하기 쉽지만, 반드시 그럴 필요는 없다."라고 말하면서 "누구든 자신이 좋아하는 일을 해야 한다."라고 말했다.

가장 좋아하는 일에 꿈의 골조를 세워야

꿈을 이루려면 자신이 가장 좋아하는 일에 꿈의 골조를 세워야 한다. 확고한 신념 없이 남의 겉모습을 좇아 따라하면 실패하기 쉽다. 화려하고 멋진 일은 한창 감수성이 예민한 10대들의 마음을 사로잡기에 충분하다. 2010년 어린이 포털사이트인 '다음키즈짱'이 초등학생 1만 478명에게 질문을 한 결과 41%가 '가수', 8%가 '탤런트'라고 답했다. 과학자가 되겠다는 어린이는 1%(110명)에 불과했다. 어떤 일을 무조건 따라한다는 것은 무모한 일이 될 수 있다. 이러한 직업일수록 많은 열정과 노력이 필요하다. 또 열정과 노력만 있다고 해서 되는 것이 아니라 그 일을 매우 좋아해야 한다.

내가 좋아하는 일은 내게 최고의 가치를 지닌 일

아이비리그 명문 스탠포드대 졸업식 연설에서 스티브 잡스는 "좋아하는 일을 하라. 타협하지 말라."고 말했다. 새로운 말은 아니지만 세상을 바꾼 잡스가 한 말이기에 새삼스럽게 들린다. 모교인 컬럼비아대를 방문한 투자의 귀재 워런 버핏도 "돈보다 자신이 좋아하는 일을 하라."고 강조했다. 그는 성공 비결을 묻는 학생들의 질문에 "돈을 많이 벌어줄 것 같은 일을 하지 말고, 자신이 좋아하는 일을 해야 한다."면서 "나는 운 좋게도 좋아하는 일을 일찍 발견할

수 있었다."고 말했다. 좋아하는 일은 아무리 힘들어도 버틴다. 그러나 적성에 맞지 않으면 끝까지 버티기가 어렵다. 내가 하는 일이 다른 어떤 일보다 소중하다고 믿지 않으면 그 일을 지속할 수가 없다. 그렇기 때문에 자신이 가장 좋아하는 일을 선택해야 한다. 자신이 좋아하는 일을 찾았다면 바로 그 일을 시작하라. 시일이 지날수록 성과도 늘어나고, 그 일을 즐길 수 있게 될 것이다.

전교 1등 김예걸, 대학을 선택하지 않았다?

고등학교 3년을 오로지 좋은 대학에 가기 위한 것만을 목표로 삼는 입시 경쟁에 휘둘리고 싶지 않다.

김예걸. 그는 중학교에서 내신 성적 상위 3% 안에 드는 학생이었다. 전교 1등도 곧잘 했다. 그런데 김예걸은 마이스터고 가운데 한 곳인 수도전기공고로 자신의 진로를 정했다. 마이스터고는 정부가 젊은 기술명장을 육성하기 위해 세운 학교로, 유망 산업 분야에 필요한 기술과 실무 외국어 등을 교육한다. 졸업 후에는 해당 학교와 협약을 맺은 기업에 곧바로 취업할 수도 있다. 마이스터고라는 이름이 붙기는 했지만 사실상 실업계 고교나 다름없다.

전교 1, 2등을 다투던 김예걸이 인기 있는 고등학교를 선택하지 않은 이유는 무엇일까? 어릴 때부터 모형 비행기 등을 비롯한 각종 모형 만들기를 좋아했던 김예걸은 자신은 기술 분야가 적성에 맞는다고 생각했기 때문에 대학을 선택하지 않았다. "고등학교 3년을 오로지 좋은 대학에 가기 위한 것만을 목표로 삼는 입시 경쟁에 휘둘리고 싶지 않다."는 생각도 이러한 결정에 한몫을 했다.

부모님은 김예결의 생각에 흔쾌히 동의해주었다. 하지만 주변에서는 아쉬워하는 목소리가 더 많았다. 중학교 시절 그의 공부 라이벌들은 대부분 특목고를 선택했다. 학교 선생님들도 "성적이 아깝지 않느냐?"라고 하면서 수차례 설득하기도 했다. 그래도 김예결은 뜻을 굽히지 않았다. 뚜렷한 목표도 없이 남들이 가는 대로 따라갈 것이 아니라 스스로 좋아하는 분야에서 남들보다 먼저 진로를 찾는 것이 낫다는 생각을 했기 때문이다. 김예결은 로봇과 에너지 분야의 기술 명장이 되겠다는 꿈을 이루기 위해 지금도 열심히 노력하고 있다.

필요성을 느끼면 '스스로 공부한다' 2

성현우 부모, '필요성'이 아이를 깨우치다

성현우. 과학 영재고등학교 최연소 합격. 성현우 부모는 아이가 싫어하는 것을 억지로 시키지 않았다. 한자의 필요성을 납득하지 못한 성현우가 관심을 갖지 않자 성현우 어머니는 한자 공부를 강요하는 대신 한자가 많이 섞인 '현대 물리학'이라는 책을 보여주었다. 평소 물리학에 관심이 많던 성현우는 그 책을 읽기 위해 어쩔 수 없이 한자를 공부했다. 성현우 어머니는 "아이가 비록 좋아하지 않더라도 필요성을 느끼면 언젠가는 하게 돼 있다."면서 "부모의 역할은 그 필요성을 깨우쳐 주는 것"이라고 말했다.

성현우 부모는 일상생활에서 '스스로 생각하는 법'을 가르쳤다. 성현우가 8살 때의 일이다. 엄마와의 의논 끝에 아이는 '꼭·약(꼭 지켜야 할 약속)이라는 규칙을 만들었다. '등하교할 때 길에서 장난치지 않기', '선생님과 친구들에게 인사 잘하기', '책가방은 책상 옆에 잘 걸어 두기' 등과 같은 자신과의 약속이었다. 성현우 어머니는 '꼭·약3'을 지킬 때마다 컴퓨터 게임을 5분 더 할 수 있는 스티커를 아이에게 줌으로써 아이가 스스로 만든 규칙을 지키도록 격려했다.

성현우 부모의 성공 전략 3가지

01 :생활 규칙:

스스로 만든 규칙을 지키기 위해 격려했다.

02 :아이 생각 존중:

아이가 싫어하는 것을 억지로 시키지 않았다.

03 :필요성 깨우치기:

아이가 공부의 필요성을 깨우치도록 했다.

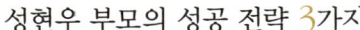

정철희 교수의 **어드바이스**

스스로 필요성을 느끼게 하라

미국 하버드와 예일, 컬럼비아 등과 같은 명문대에 입학한 한국인 학생들의 중퇴율이 심각한 것으로 나타났다. 김승기가 컬럼비아대 박사 논문으로 제출한 '한인 명문대생 연구'에 의하면 1985년부터 2007년 사이 미국 명문대에 입학한 한국 학생 중 1,400명을 조사한 결과 784명만이 졸업을 했다. 44%에 이르는 학생들이 중도에 학업을 포기한 것이다. 이는 유대계 학생의 중퇴율이 12.5%인 것에 비하면 3배 가까이 높은 수치다.

자발적인 학습 습관을 기를 수 있는 환경을 조성해 주어라

그 이유는 공부만을 강요했기 때문이다. 부모의 이와 같은 교육 방식은 아이들의 학교생활 적응력을 떨어뜨리는 결과를 초래한다. 따라서 아이가 어릴 때부터 충분히 놀게 하면서도 자발적인 학습 습관을 기를 수 있는 환경을 조성해주는 것이 무엇보다 중요하다. 이 연구에 의하면 한국 학생들은 대학 입학을 위해서 공부에 75%를 투자하고, 나머지 시간을 봉사 활동과 특별활동에 할애한 반면, 미국 학생들은 공부와 과외 활동에 각각 50%씩 할애한 것으로 나타났다.

역량 있는 큰 그릇을 만들고 싶다면

아무리 몸에 좋은 운동이라도 스스로 필요성을 느끼지 않으면 안 된다. 공부도 마찬가지다. 좋은 성적을 받으려면 무엇보다 아이 스스로 공부의 필요성을 느껴야 한다. 아이가 학습에 대한 필요성을 절실히 느끼게 되면 그 속도와 효과는 상상을 초월한다. 신체적, 정신적 성장 발달에 맞지 않는 의지력의 결핍은 아이보다는 부모의 욕심에서 비롯된 경우가 많다. 끌려가는 큰아이보다 관심의 한복판에서 벗어난 둘째아이가 공부를 알아서 더 잘하는 이유도 바로 이 때문이다. 역량 있는 큰 그릇을 만들고 싶다면 아이 스스로 선택하고 학습할 수 있도록 조력자 역할을 해야 한다.

오를 산을 정하면 인생의 반이 결정된다

아이가 스스로 생각할 나이가 되기 전에 부모가 가르쳐야 할 것들이 있다. 아이가 어릴수록 바른 판단을 할 수 있도록 하고, 올바른 행동 방식을 가르쳐야 한다. 이 과정을 거쳐야만 배운 것을 스스로 실행에 옮길 수 있는 힘이 길러진다. 하지만 우리 주변에는 스스로 생각하지 못하는 아이들이 많다. 이는 마치 두발 자전거를 타야 할 시기가 한참이나 지난 고등학생, 아니 대학생들이 세발자전거에서 벗어나지 못하는 것과 마찬가지다.

산을 정복하려면 오를 산을 정해야 한다. 목표를 정확히 설정한 후에 집중하면 빨리 도달할 수 있다. 문제는 자신의 재능에 맞는 꿈과 목표를 찾기가 쉽지 않다는 데 있다. 많은 부모가 자신의 꿈을 자녀에게 강요하는 우를 범한다. 부모는 자녀보다 한발 뒤에 서 있어야 한다. 아이가 스스로 고민하고 자신의 진로를 정할 수 있도록 시간을 주어야 한다.

부모는 아이가 진정 무엇을 원하는지, 어떤 길로 나아가고자 하는지를 파악해야 한다. 그리고 아이 스스로 목표를 정하게 한 후 함께 노력하면서 긍정적인 피드백을 해주어야 한다. 아이를 성공적으로 잘 기르고 있는 한 학부모는 "단 한 번도 아이들이 무엇을 하든지 못하게 한 적이 없다. 존중하고 신뢰한다는 마음을 느끼면 아이들 스스로 부모를 믿고 따른다."고 말했다.

진정한 나를 발견하면 꿈이 보인다 : 나의 관심사 찾기

나의 취미는?

내가 좋아하는 과목, 열심히 공부하는 과목은?

나와 가장 마음이 통하는 친구는?

내가 가장 존경하는 사람은?

내가 가장 하고 싶은 것은?

내가 가장 재미있게 읽은 책 3권을 꼽는다면?

흥미가 있어서 시간 가는 줄 모르고 집중했던 일이 있다면?

진정 내가 평생하고 싶은 일이나 직업이 있다면?

멘토의 한마디

꿈을 이룬 사람들은 "정말로 하고 싶었던 일을 열정을 가지고 꾸준히 했을 뿐이다."라고 말한다.

tip. 내가 공부하는 이유? 나를 사랑하니까!

한 학생의 노트에 적힌 '내가 공부하는 이유'

1. 내 꿈을 찾으려고
2. 내가 하고 싶은 일이 있을 때 내가 선택할 기회를 얻으려고
3. 공부 내용 자체가 신비하고 재미있으니까
4. 내가 더욱 행복해질 것이므로
5. 어차피 해야 하는 것, 제대로 해보려고
6. 서울대에 가기 위해
7. 사회적 지위가 높아질 것이기 때문에
8. 무엇인가를 잘해 남에게 인정받으려고
9. 세계를 돌아다니며 놀기 위해서
10. 내게 주어진 시간을 잘 관리하는 습관을 들이려고

도전하는 자가 세상의 주인이다 3

거미줄 구조를 건축물에? 이두영의 '도전 정신'

이두영은 새로운 것에 도전하고 싶었다. 그는 "학교 공부만 하면 재미없잖아요."라고 말한다. 학교가 시골에 있었기 때문에 주변에는 거미줄이 많았다. 비가 와도, 바람이 불어도 거미줄의 모양이 변하지 않은 것이 신기해서 생명과 자연의 신비에 도전하기로 했다.

이두영은 친구와 함께 남들이 쉬는 동안 거미줄을 찾으러 다녔다. 거미줄을 찾기 위해 설악산, 지리산, 경기도 남양주 등 전국을 헤맸다. 거미에 물린 것만도 수차례. 거미줄과 정확히 90도 각도로 맞춰 사진을 찍는 것도 쉽지 않았다. 조금만 각도가 어긋나도 사진이 제대로 나오지 않기 때문이다.

"거미줄은 최적의 구조를 가지고 있어요. 거미줄 구조를 실생활에 활용하면 지금보다 훨씬 더 안정되고 견고한 건축물이나 도로망을 만들 수 있어요."

이두영의 성공 전략 3가지

01 :도전 정신:

생명과 자연의 신비에 도전하기로 했다.

02 :호기심:

거미줄이 신기해서 시작했다.

03 :창의력:

거미줄 구조를 건축물이나 도로망 등에 활용할 수 있다.

정철희 교수의 **어드바이스**

불가능한 것을 꿈꿔라

역사는 인간의 도전 정신을 바탕으로 창조된다

역사를 바꾼 것은 도전의 힘에 있었다. 어떤 일을 기어코 이루고야 말겠다는 불굴의 도전 정신은 불가능을 가능으로 바꿔 놓는다. 일상생활에서 자주 쓰이는 사물을 쉽고 편하게 혁신시켜 개인용 컴퓨터, 아이팟, 아이폰, 그리고 아이패드 등을 만들어 낸 스티브 잡스, 그의 비밀은 특유의 창조적 혁신성과 도전 정신에 있었다. 역사는 인간의 도전 정신을 바탕으로 창조된다. 도전하는 과정에서 인간들은 수많은 실패와 좌절을 겪었지만 끝없는 도전 정신으로 마침내 이를 극복했다.

자신이 하고 싶은 분야에 도전하라

할리우드 영화인 〈행오버 2〉의 주연을 맡은 한국계 배우 켄 정은 "남의 시선에 신경 쓰다 보면 인생을 헛되이 보내게 된다."면서 "자신이 하고 싶은 것을 하라."고 조언한다. 자신이 듀크대 의대를 졸업하고 의사의 길을 걷다 배우로 전향한 이유도 같은 맥락이다. 사회가 제시한 천편일률적인 기준에 부합한 인재가 되기 위해 애쓰기보다는 자신이 하고 싶은 분야에 도전하라는 말이다. 자신이 하고 싶은 분야에 도전하려면 '내가 가장 하고 싶은 일이 무엇인가'부터 찾아야 한다.

무한한 가능성이 있는 아이의 도전 정신을 살려줘라

유대인 부모들은 아이들에게 불가능한 꿈에 도전하라고 가르친다. 그러려면 아이가 하고 싶어 하는 일에 투자해야 한다. 세 자녀 모두 미국 명문대 4년 전액 장학금을 받고 입학시킨 황경애는 아이가 하고 싶어 하는 일에 투자했다고 말한다. "나는 일을 해서 번 돈을 모두 아낌없이 아이들에게 투자했다. 비싼 과외나 학원 강습을 말하는 것이 아니다. 아이들이 하고 싶어 하는 것을 할 수 있도록 해준 것이다.

어느 날 막내가 탭댄스 발표회를 구경한 후 "엄마 나도 탭댄스 가르쳐줘. 탭댄서가 될 거야!"라고 했다. 그날 이후 나는 탭댄스 선생님을 모시기 위해 백방으로 알아보고 다녔다. 또 바이올린을 배우고 싶다고 하면 그 다음날 악기를 사주었다. 무한한 가능성이 있는 아이의 도전 정신을 살려주고, 시야를 넓혀주는 것이 내 교육의 첫 번째 포인트다."

도전하지 않는 자는 아무것도 바라지 않는 자이다

돈키호테를 소재로 한 뮤지컬 〈맨 오브 라만차〉에 '이룰 수 없는 꿈'이라는 노래가 나온다. '비록 이룰 수 없는 꿈이라도, 이길 수 없는 싸움일지라도, 꿈과 희망을 포기하지 않는 삶이야말로 그렇지 못한 삶보다 훨씬 가치 있는 것'이라는 내용이다. 많은 사람들이 실패할 것이 두려워 도전을 포기한다. 그러나 도전하는 사람들에게는 언제나 희망이 있고, 그 희망은 더 큰 용기를 준다. 도전하지 않으면 실패할 걱정이 없겠지만, 성공할 수 있는 희망도 없는 것이다. 언젠가 읽은 책의 구절이 생각난다. "배가 항구에 정박해 있으면 안전은 보장된다. 그러나 그것이 배의 목적은 아니다. 인생에서 가장 큰 위험은 위험을 전혀 감수하지 않는 것이다. 아무것에도 도전하지 않는 자는 아무것도 바라지 않는 자이다." 시도도 해보지 않고 후회하는 삶보다는 실패하더라도 도전하는 삶을 선택하는 것이 훨씬 가치 있는 것이 아닐까?

세상의 주인은 따로 없다. 도전하는 자가 세상의 주인이다

"저는 단 1%의 가능성만 있어도 절대 포기하지 않습니다. 100% 완벽하게 깨달을 때까지 도전합니다. 내가 최선을 다할 수 있을 때까지……. 그래야 내가 무엇이 모자라서 실패한 것인지를 알게 되기 때문입니다. 그래야 성공을 하지요. 진짜 100% 완벽하게 실패해야 실패가 내 것이 됩니다. 그런데 60%, 70% 실패했다고 해서 포기하면 그 사람은 다음에 도전했을 때 반드시 실패합니다. 그 사람은 자신이 정확히 무엇 때문에 실패했는지 모르기 때문이지요."

산악인 박영석은 평범한 사람이 상상하기 힘든 불굴의 의지와 극한의 도전으로 진정한 알피니스트의 삶을 살았다. 그는 히말라야 14좌(8,000m 이상의 14개 봉우리)는 물론 7대륙 최고봉 등정, 지구 3극점 정복까지 완료하면서 지금껏 세계 모험가들의 꿈인 산악 그랜드슬램을 달성하였다. "세상의 주인은 따로 없다. 도전하는 자가 세상의 주인이다."고 말한 그에게도 시련이 많았다. 그랜드슬램을 달성하면서 여러 번 죽을 고비를 넘겼고, 함께 오르던 사람들이 죽기도 했다. 이제 더 이상 탐험할 곳이 없어 보였지만 그는 히말라야 14개 거봉에 새로운 '코리안 루트'를 개척하는 것을 생의 마지막 과제로 받아들였고, 2009년 에베레스트 남서벽에 첫 길을 내고 2011년 10월 18일 히말라야 안나푸르나(8,091m) 남벽에 '코리안 루트'를 개척하던 중 눈사태를 만나 실종되고 말았다.

4 시간을 지배하는 사람이 세상을 지배한다

정환보, '시간 관리'가 공부 전략의 전부

시간표가 가장 중요하다. 어머니와 함께 시간표를 짜는 데 낮잠 시간, 휴식 시간을 충분히 두어 너무 타이트하지 않게 공부하고 있다. 시간이 짧아도 집중해서 공부하는 것이 효과적이다.

과목별 공부 시간은 보통 1시간을 기준으로 하고, 주간 단위로 시간표를 짠다. 시간을 정해 놓고, 목표했던 공부량에 도달하지 못하면 바로 다음 과목으로 넘어간다. 공부 시간표는 사회, 수학, 국어 등 서로 상반되는 과목을 배치해 공부에 탄력을 주었다.

웬만한 공부는 학교에서 모두 끝내도록 노력한다. 그는 "수업 시간에 남들보다 집중해서 듣고, 그 시간에 배운 내용을 다 이해하려고 합니다."라고 말했다.

정환보의 성공 전략 3가지

01 **:충분한 휴식:**

휴식 시간을 충분히 두고, 너무 타이트하지 않게 공부했다.

02 **:과목 배치 전략:**

서로 상반되는 과목을 배치해 공부에 탄력을 주었다.

03 **:0.1% 공부법:**

수업 시간에 배운 내용은 모두 이해하려고 노력했다.

정철희 교수의 **어드바이스**

중요한 것부터 먼저 해라

한 교수님이 학생들에게 퀴즈를 하나 냈다. 테이블 가운데에 커다란 플라스틱 상자를 올려놓은 후, 그 주위에 큰 돌과 작은 돌, 모래, 물 컵을 차례로 두었다. 그리고 "어떻게 하면 이 플라스틱 상자를 이것들로 가득 채울 수 있을까요?"라고 물었다. 그러자 한 학생이 "우선 큰 돌을 집어넣고, 작은 돌, 모래, 물 순서로 넣으면 됩니다."라고 말했다. 교수님은 미소를 지으면서 말했다. "그래요. 맞습니다. 그럼 제가 무슨 말을 하고 싶어서 이 퀴즈를 냈을까요?" 그러자 또 다른 학생이 "중요한 것부터 먼저 해야 한다는 것입니다."라고 말했다. 이 이야기는 우리에게 많은 교훈을 준다. 플라스틱 상자에 큰 돌, 작은 돌, 모래,

물을 채우려고 할 때는 큰 돌부터 집어넣어야 상자를 가득 채울 수 있다.

시간 사용 일기를 쓰라

시간을 기록하는 것은 계획 이상의 의미가 있다. 자기가 쓰고 있는 시간을 알 수 있기 때문이다. 길을 잃었을 때 현재의 자기 위치를 알아야 찾을 수 있듯이 자기 시간 현황을 알아야 잃어버리고 있는 시간을 찾을 수 있다.

- 학교, 학원 수업, 수면, 식사, 공부, 운동, 놀이 등에 지난 일주일 간 자신이 사용한 시간이 총 얼마나 되는지를 계산해 본다.

- 그리고 일주일 168시간에서 그 시간을 빼고 남는 시간을 계산한다. 그 남는 시간이 제대로 쓰지 못한 자투리 시간이다.

- 그런 다음, 자신의 시간 낭비 행동이 무엇인지 세 가지 이상 적어보고, 느낌과 해결 방안을 적어보자.

주간 시간 활용 평가표

요일	수면	개인 위생	학습 (수업)	학습 (개인)	여가 생활	자유 시간	전체
월							24
화							24
수							24
목							24
금							24
토							24
일							24
전체							168
평균							168

자신의 시간 낭비 행동이 무엇인지 세 가지 이상 적어보자.

주간 시간 활용 평가에 대한 느낌과 해결 방안을 스스로 적어보자.

아마도 시간 계산을 하면서 맨 먼저 자신의 하루가 24시간이 아니라는 점에 놀라게 되고, 또 의외로 자기 공부 시간이 전체 시간에 비해 적은 비중을 차지한다는 점에 놀라게 될 것이다. 이 놀라움이 시간을 관리해야 할 필요성을 느끼게 해준다. 자기도 모르는 사이에 시간을 낭비하는 행동을 하였다면 지금 당장 중단하도록 하자.

80:20 시간 관리의 법칙

:: 80:20 시간 관리의 법칙 "우리 행동의 20%만이 우리가 이루고자 하는 결과의 80%를 가져다준다."

:: 중요한 20%가 무엇인지는 어떻게 알 수 있는가?

가장 중요한 20%가 무엇인지는 스스로에게 '지금 가장 중요한 것은 무엇인가?'를 물어보면 알 수 있다. '지금 가장 중요한 것은 무엇인가?'를 스스로에게 질문하고 하루, 일주일, 한 달 혹은 일 년을 계획한다. 그런 다음, '가장 중요한 일을 했는가?'를 스스로에게 질문하며 하루를 반성한다.

하루 계획 : 오늘 해야 할 가장 중요한 것은 무엇인가?

하루 반성 : 오늘 해야 할 가장 중요한 일을 했는가?

시간 관리 테스트

테스트 방법

- 1점 – 전혀 그렇지 않다 2점 – 그렇지 않다 3점 – 반반쯤이다
  4점 – 보통 그렇다 5점 – 항상 그렇다순으로 답한다.
- 각 항목 [ ]에 점수를 매긴다.
- 각 항목별 점수를 합한다.

테스트 시작

[ ] 공부를 하기 전에 공부할 양을 생각하고 끝낼 시간을 미리 정한다.

[ ] 놀고 싶은 일이 있더라도 우선해야 할 일을 끝내 놓고 하는 편이다.

[ ] 여러 가지 일을 할 때는 중요한 것부터 시작한다.

[ ] 매일 규칙적으로 공부한다.

[ ] 공부를 하기 전에 먼저 계획을 세워보고 공부를 시작한다.

■ 테스트 점수 : ______점

•10점 미만 매우 낮음 •10~14점 낮음 •15~19점 보통 •20점 이상 높음

■ 나의 시간 관리는 어떤 수준인가?

최상위 0.1% '시간 관리법' 이야기

● 효율적인 공부를 위해 계획표 짜기는 필수다. 한 달 치 공부할 분량을 정해 놓은 후 날짜 단위로 배분하고, 매일의 시간은 자기 전에 계획표를 만들어 시간 단위로 다시 배분했다. 간단한 메모 형식이지만 쉬는 시간에 할 일, 자습 시간에 할 일, 자기 전에 할 일 등을 구체적으로 계획해 두고 최대한 계획한 시간 안에 해야 할 공부를 마치려고 노력했다.

● 꾸준한 것이 효율적인 공부법이다. 갑자기 몰아서 하는 공부는 흐름을 잡는 데 시간이 걸리는 데다 내 것으로 소화하기도 어렵다. 배운 것만 그때그때 복습하면 공부하는 것이 고통스럽거나 힘들지 않다. 평소에는 손을 놓고 있다가 시험을 앞두고 몰아서 하면 처음 배우는 것과 같다. 다시 시작해야 하는 셈이므로 그만큼 시간을 낭비하게 된다. 매일 조금씩 하는 공부가 효율적이다.

● 시간의 소중함을 깨닫고 철저히 계획을 세웠더니 시너지 효과가 났다. 하루 공부 계획을 절대 다음 날로 미루는 법이 없다. 하나라도 놓치면 다음 날 평소보다 일찍 일어나 해치운다. 이것이 고등학교에 진학하자마자 전교 1등을 한 이유다.

세상 모든 일에는 계획이 필요하다 5

철저한 '계획'을 짜는 데 시간을 할애한 이승용

철저한 계획을 통해 공부한다. 한 달, 1주일, 하루, 시간별로 나누어 계획하고, 이에 맞추어 생활한다. 대략적인 목표를 설정해 놓은 후 그 목표를 달성하기 위해서 세밀한 사항들을 계획해놓고, 최대한 그 계획에 맞춰서 공부할 수 있도록 노력한다.

이승용은 자기만의 학습 비법을 묻는 질문에 "특별한 묘책은 없고, 그냥 열심히 하려고 노력한다. 노력하다 보면 성적이 오르고, 성적이 오르면 또 노력하고 싶어지기 마련이다. 하지만 굳이 뽑으라고 한다면 역시 '계획'이다. 시험을 준비하기 전에도 계획 짜는 데 시간을 할애한다. 이렇게 대략적인 틀을 완성시켜 놓은 후에 공부하면 더욱 효과적이다."라고 말한다.

이승용의 성공 전략 3가지

01 ⁝ 철저한 계획 ⁝

목표를 달성하기 위해서 세밀한 사항들을 계획한다.

02 ⁝ 부단한 노력 ⁝

특별한 묘책은 없고, 그냥 열심히 하려고 노력한다.

03 ⁝ 시간 관리 ⁝

한 달, 1주일, 하루, 시간별로 나누어 계획을 세우고, 이에 맞추어 생활한다.

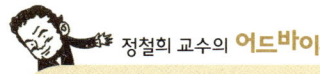

정철희 교수의 **어드바이스**

한 줄의 계획이 내일의 성공을 만든다

EBS 〈학교란 무엇인가〉 제작팀이 전국 최상위 0.1% 학생에 대한 전수 조사를 진행했다. 전국 164개 학교의 0.1% 학생 800명과 일반 학생 700명에게 116개의 질문을 던졌다. 116개의 설문 문항 중 가장 흥미로운 질문은 바로 공부를 잘하는 비법을 묻는 것이었다. 0.1% 아이들은 공부에서 가장 중요한 것이 무엇이라고 생각할까? 첫째는 부단한 노력, 둘째는 목표 의식, 셋째는 공부하는 습관을 꼽았다.

1등들과 보통 학생의 가장 큰 차이는 깨어 있는 동안의 시간 관리다

한 연구에 의하면 1등하는 아이들은 학교 수업을 제외하고 4시간 20분을 자기주도학습에 할애하는 반면, 보통 학생들은 평균 2시간 40분에 그쳤다. 이는 매우 중요한 점을 시사한다. 공부를 잘하기 위해서는 잠자는 시간을 줄일 것이 아니라 깨어 있는 시간을 200% 활용해야 한다는 것이다.

1등들은 스스로 목표와 계획을 세워 공부한다

1등들의 공통점은 자기관리를 철저히 한다는 것이다. 시험에 임박해 해치우는 소나기식 공부는 겉으로는 효과가 있는 것 같지만 실제로는 별 도움이 안 된다. 암기 과목에는 통할지 모르지만 수학이나 과학 등의 과목에는 통하지 않는다. 매일 일정한 학습량을 소화하는 것이 중요하다. 1등을 하는 한 아이는 "공부를 하기 전에 항상 계획을 짜고 하는 편이다. 이렇게 함으로써 내가 공부할 방향이 뚜렷해지기 때문에 많은 도움이 되는 것 같다. 그리고 긍정적인 사고와 평상시에 꾸준히 공부하는 것이 중요한 것 같다. 한 번 틀린 문제는 오답 노트를 작성하는 등 꼭 알고 지나가기 위해 노력한다."라고 말한다.

최상위 0.1% '계획' 이야기

● 학습 계획은 시간대별로 빼곡하게 세우기보다 일일 계획표에 오늘 공부할 것을 우선순위를 정해 순서대로 적어 두고, 하나씩 실행할 때마다 지워나가는 방법을 사용하는 것이 좋다. 수행평가처럼 기한이 정해져 있는 과제를 가장 위에 두고, 국·영·수·과 주요 과목 복습을 두 번째에 두는 식으로 우선순위를 정한다. 평소 수업 시간에 집중하고 예·복습을 철저히 하기 때문에 학교 시험 기간에도 별다른 공부 계획은 세우지 않는 편이다.

● 공부 계획도 꼼꼼히 세웠다. 처음에는 못 지키는 계획이 많았지만, 시행착오를 거치면서 알맞은 공부량을 정할 수 있게 되었다. 하루도 빠짐없이 계획적으로 공부한 덕분에 중3에 올라갈 무렵에는 학습 습관이 자리를 잡았다. 노력하는 만큼 성적이 오르고, 가족들의 관심과 기대를 받으면서 공부가 재미있어졌다. 아침에 일어나자마자 양치질을 하면서 하루 공부 계획을 세운다.

● 잠이 많은 편이라 하루 8시간 수면 시간을 지키는 편이다. 대신 깨어 있을 때 최대한 열심히 하기 위해 자투리 시간과 자습 시간을 최대한 활용한다. 잘 때는 꿈을 꾸지 않고 자고, 대신 깨어 있을 때는 시간을 알차게 보내려고 노력한다. 공부 일정을 잡을 때는 나의 최대량의 80%로 잡는다. 시간대로 과목을 정해 스케줄을 잡는 대신 하루, 주간, 월간으로 목표를 정한다. 그 대신 내가 목표로 삼은 양은 자는 시간을 줄여서라도 해 낸다.

시간 관리 전략 체크리스트

□ 등교 시간, 하교 시간, 숙제하는 시간, 자기주도학습 시간, 집안일 돕는 시간 등 매일의 계획을 세워야 한다. 나는 매일 계획을 세우는가?

□ 만일 할 일 없이 텔레비전을 보고 있다면, 하고 싶은 일의 목록을 보면서 해야 할 일에 시간을 사용해야 한다. 나는 하고 싶은 일의 목록을 만드는가?

□ 목표는 구체적일수록 좋다. 목표가 구체적이면 달성하기가 훨씬 쉬워진다. 나는 하고 싶은 일에 대한 목표를 세우는가?

□ 나는 내가 하고 싶은 일, 해야 할 일을 구분하여 우선순위를 정하는가?

□ 할 일이 있으면 그 일을 얼마 만에 끝낼 것인지를 미리 정해놓고 반드시 그 시간 안에 끝내야 한다. 나는 그렇게 하고 있는가?

□ 나는 플래너가 포함되어 있는 학습 다이어리에 해야 할 일을 적고, 점검하는가?

□ 자신이 해야 할 일이 무엇이고, 언제 해야 하는지가 명확해지면 더 많은 목표를 이룰 수 있다. 나에게는 매일 규칙적으로 하는 일이 정해져 있는가?

6 유대인의 힘, '오늘은 선생님께 어떤 질문을 했니?'

임건이 밝힌 '질문'의 비밀

학교생활을 즐기려고 한다. 모르는 것이 있으면 항상 선생님께 질문한다. 친구 간의 경쟁 의식이 스스로를 다잡게 해준다. 목표를 세우고 목표를 향해 얼마나 노력하느냐가 중요하다.

임건의 시간 활용법

1. 오전 7시 20분에 일어나 아침 먹고 학교에 간다.

2. 3시 30분쯤 집에 왔다가 학원에 가서 밤 10시 전후에 집에 돌아온다.

3. 간식을 먹은 후에 학교에서 배운 것을 복습하고 숙제도 한다.

4. 토요일에는 교육청 주관 영어 영재 프로그램에 참가한다.

5. 일요일에는 학원 숙제를 하거나, 문제집을 풀어보거나, 학교 복습을 한다.

임건의 성공 전략 3가지

01 :선생님께 질문:

모르는 것이 있으면 항상 선생님께 질문한다.

02 :친구 간의 경쟁의식:

친구 간의 경쟁 의식은 스스로를 다잡게 해준다.

03 :목표를 향한 노력:

목표를 세우고 목표를 향해 얼마나 노력하느냐가 중요하다.

정철희 교수의 **어드바이스**

그날 배운 것은 그날 정리하라

임건은 여느 아이들처럼 학교를 마치고 학원으로 향한다. 학원에 머무는 시간이 많다. 학년이 올라가면서 자기 공부 시간을 좀 더 확보하려면 학원 수강 시간을 줄여 나가야 한다. 임건의 1등 비밀은 학원에 있지 않다. 아무 생각 없이 학원에 의존해서 공부하는 아이들과는 다르다. 수업 시간에 항상 집중하고 모르는 것은 반드시 질문한다. 그날 학교에서 배운 것은 그날 정리하는 습관을 가지고 있다. 최상의 공부법은 '그날 배운 내용은 그날 정리해 완전히 숙지하는 것'이다. 알고 있는 내용이라도 그냥 지나친 내용은 없는지, 잘못 알고 있었던 개념은 없는지 등을 점검해야 한다.

시험 대비를 위해 가장 먼저 해야 할 일은 수업 진도에 맞춰 배운 내용을 복습하는 것이다. 복습을 할 때는 오늘 배운 부분부터 시작하여 거꾸로 학습을 하도록 한다. 앞부분부터 공부하면 학습량이 많아서 목표한 시간 내 끝내지 못할 가능성이 높고, 오늘 배운 내용의 반복 효과까지 포기하는 셈이 된다. 비교적 쉬운 과목부터 시작하되, 다른 과목을 교차 학습하도록 한다. 처음부터 취약 과목이나 어려운 과목을 공부하면 스트레스가 쌓이고 진도도 잘 안 나가기 때문이다. 따라서 교과서를 읽고 그날 필기한 노트나 프린트물을 점검하는 식으로 단계별 틀을 정하고 목표 시간 동안 과목을 돌아가면서 공부하도록 한다. 이때 혼동되거나 중요한 부분은 '이해가 완벽하지 않은 것', '헷갈리기 쉬우므로 다시 봐야 하는 것', '중요한 것', '암기할 것' 등 자신이 알아볼 수 있도록 표시한다.

선생님께 질문을 많이 하게 하라

2008년에 세계적인 베스트셀러가 된 책인 ≪스웨이≫의 공동 저자는 유대인으로, 이스라엘에서 태어난 롬과 동생 오리 형제이다. 롬은 플로리다대에서 심리학 박사 학위를 받았고, 동생 오리는 스탠퍼드대 MBA 출신이다.

30대에 세계적인 베스트셀러 작가가 된 비결은?

머리가 뛰어나지는 않지만 항상 공부에 흥미를 잃지 않았고, 그 결과 박사 학위도 받았다. 동생 오리도 공부를 꽤 잘한다는 말을 들으면서 자랐다. 그런데 우리가 공부에 흥미를 잃지 않은 비결은 어머니에게 있었다.

어렸을 때 어머니는 형제가 학교에서 돌아오면 '오늘은 선생님께 어떤 질문을 했니?'라고 물어보셨다. 어머니께서 매일 물어보시는 바람에 저는 궁금한 것이 없는 날에도 일부러 질문을 만들어 선생님께 무엇인가를 물어봐야 했다.

공부에 흥미를 잃지 않는 방법은 '질문을 하는 것'

학생은 질문을 통해 수업에 적극적으로 참여하게 된다. 대부분의 학생은 수업 시간에 선생님이 말씀하시는 것을 노트에 받아쓰는 것이 공부의 전부라고 생각한다. 하지만 이것은 수동적인 공부이다. 중요한 것은 배운 내용을 노트에 적는 것이 아니라 자기 머릿속에 기억해 두고, 언제든지 설명할 수 있어야 한다는 것이다. 그래야만 진정으로 '안다'고 할 수 있다.

공부에 흥미를 잃지 않는 방법은 질문을 하는 것이다. 수업 시간에 공개적으로 질문하는 것이 쑥스러우면 수업이 끝난 후 선생님을 찾아가서 질문을 하도록 한다.

수업듣기 및 태도 테스트

테스트 방법

- 1점 – 전혀 그렇지 않다　2점 – 그렇지 않다　3점 – 반반쯤이다
  4점 – 보통 그렇다　5점 – 항상 그렇다순으로 답한다.
- 각 항목 [　]에 점수를 매긴다.
- 각 항목별 점수를 합한다.

테스트 시작

[　] 수업이 시작되기 전에 자리에 앉아 수업을 준비한다.

[　] 수업 중에는 선생님께서 무엇을 강조하는지를 생각하며 듣는다.

[　] 선생님 말씀 중에서 모르는 내용은 질문을 하거나 다른 방법으로 알고 넘어 간다.

[　] 수업 시간에 발표하기를 좋아한다.

[　] 선생님은 설명을 하면서 나의 눈과 마주치신다.

- 테스트 점수 : ______점
  •10점 미만 매우 낮음　•10~14점 낮음　•15~19점 보통　•20점 이상 높음
- 나의 수업 듣기 및 태도는 어떤 수준인가?
- 테스트 결과에 대한 나의 생각은?

최상위 0.1% '나만의 공부법' 이야기

● 암기 과목을 공부하는 나만의 독특한 비결이 있다. 원리나 이론을 다른 사람에게 설명하는 방식이다. 늘 시험 때만 되면 아빠, 엄마, 동생에게 공부한 내용을 설명하느라 입이 아프다. 주변 사람들에게 설명하고 소개하는 방식으로 암기 과목을 공부한다. 설명하는 과정에서 부족한 부분을 발견할 수 있고, 이해한 것들을 다시 한 번 되새겨 보는 장점이 있기 때문이다.

● 공부 방법을 바꿨다. 사교육에 의지하지 않고 자기주도학습으로 공부한다는 원칙에는 변함이 없지만, 공부법은 주위의 조언을 참고해 변화를 주었다. 늘 시험에서 아는 것도 실수하는 문제점을 발견하고, 이를 보완하기 위한 방법을 고민했다. 수학의 경우에는 풀이 과정을 직접 쓰면서 공부해야 하는데, 대략 머리로만 이해하고 직접 풀지 않았었다. 이를 모든 문제를 직접 필기하는 방법으로 바꿨다.

● 무리하게 선행 학습을 하기보다는 복습을 통해 부족한 부분을 보완하는 방식을 택했다. 기본이 부족하다는 생각에 예습보다는 복습을 하여 배운 것을 다시 정리했다. 늘 쉽다고 제쳐 두었던 교과서와 개념서를 노트에 직접 다시 쓰면서 이해했다. 공부 시간도 늘렸다. 자연스럽게 성적이 오르기 시작했다.

● 계획을 세운 후 목표량을 달성하기 위해 노력한다. 언어, 수학, 외국어, 사탐을 고루 공부하는 것을 원칙으로 하되, 반드시 어렵거나 점수가 나오지 않는 과목부터 시작하여 쉬운 과목으로 마무리한다. 힘든 과목 위주로 공부 시간을 배분한다. 쉬운 과목부터 공부를 시작하면 어려운 과목을 할 때 집중력이 떨어지기 때문이다.

7 아이비리그를 꿈꾼다면, 빨리 결정하고 빨리 준비하라

박주표가 밝힌 '준비'의 비밀

애니메이션 CD 1,000장과 일본 만화책 800권을 소유한 '오타쿠'(일본 만화나 애니메이션에 심취한 광적인 마니아)가 뉴욕대와 USC(남가주대)로부터 동시에 합격 통지서를 받은 비결은 무엇일까? 그 비결은 중학교 때부터 유학 준비를 했다는 것이다. 초등학교 5학년 이후 만화, 애니메이션에 깊이 빠져들기 시작한 아들에게 어머니는 먼저 미국 대학 진학을 제안했다. 미국 대학에 들어가기 위해 보아야 하는 'SAT(Scholastic Aptitude Test)' 시험을 준비한 것도 이때부터다.

미국 대학에 진학하는 데 있어서 가장 중요한 것은 SAT, 에세이, 내신 성적이다. 박주표는 SAT 시험을 위해 가장 중요한 영어는 1주일에 적어도 2권의 영어책을 독파하는 것으로 대비했다. SAT 시험에서 특히 독해가 어려운 이유는 속독이 안 되기 때문이다. "모르는 단어는 없는데 문장이 이해되지 않는 경우가 많았어요. 하지만 책 읽는 훈련을 어릴 때부터 꾸준히 하면 단어를 몇 개 몰라도 글의 전체 맥락 속에서 뜻을 이해하는 노하우를 터득하게 돼요. 재미없어도 억지로 해야 하지요. 저는 책읽기를 별로 안 좋아해서 주로 영어 소설을 활용했어요."

박주표의 성공 전략 3가지

01 :빠른 준비:

중학교 때부터 유학 준비를 했다.

02 :심취:

초등학교 5학년 이후 만화, 애니메이션에 깊이 빠져들었다.

03 :영어 독해력:

영어는 1주일에 적어도 2권의 영어 소설을 독파했다.

정철희 교수의 **어드바이스**

큰 방향을 잡고 타이밍을 놓치지 말라

아이비리그 대학 준비는 중2도 빠르지 않다

아이비리그인 다트머스대 입학사정관을 지내고, 현재는 미국 대학 진학 컨설팅을 하고 있는 에르난데스 박사는 "아이비리그 대학 준비는 8학년(중2)도 빠르지 않다."고 말했다. 해외 명문 대학 합격생을 많이 배출하고 있는 민족사관고, 한국과학영재학교, 대원외고, 용인외고, 한영외고 등을 거치지 않고 해외 유학하기에 가장 좋은 시기는 중학교 3학년 2학기다. 미국 고등학교로는 9학년이다.

더 이른 시기에 보내면 언어 습득은 빠르지만 정체성 문제가 발생할 수 있

다. 중2 전후 사춘기 때는 많은 심리적 어려움을 겪는다. 중3 이전은 부모님의 손길이 필요한 때다. 반면 고2를 지나거나 대학교 때 유학을 떠나면 언어 습득에 어려움을 겪는다. 특히 고2를 넘어 유학을 떠나면 미국 대학 준비 기간이 짧기 때문에 생각만큼 좋은 결과를 얻기 어렵다. 중2 이전에 영어 등 유학에 필요한 준비를 하고, 중학교 2학년 2학기 혹은 3학년 1학기에 미국 고등학교에 지원한 뒤 3학년 2학기에 떠나는 것이 가장 좋다.

미국 고등학교에서 9~12학년을 모두 마치고 미국 대학에 입학하는 방향으로 교육 설계를 해야만 미국 대학 입학사정에서 중요한 요소인 성적(GPA)과 SAT 혹은 ACT를 제대로 준비할 수 있다. 특히 상위권 대학의 경우 입학사정관들이 관심을 갖고 보는 도전적인 학습 과정(Rigor of Secondary School Record)도 만들어 낼 수 있다. 교육은 타이밍이 매우 중요하다. 특히 유학 시기를 놓치면 그 효과는 반감된다.

조기 유학을 맹신하지 마라

자녀를 미국 아이비리그 명문대에 합격시킨 한 어머니는 "나는 아이들의 공부보다는 인격 형성이 먼저라고 생각한다. 조기 유학을 보내면 외국어는 잘할 수 있을지 모르지만 정서적으로 불안해 완전한 인격이 형성될지는 의문이다. 부모가 함께 갈 수 있는 환경이라면 모르지만 아이 혼자 보내는 것은 바람직하지 않다. 나는 주위에서 조기 유학을 온 아이들을 많이 보았다. 어딘지 모르게 소외감을 느끼고 불안해하는 것을 볼 수 있었다. 당연히 공부에 집중할 수가 없다. 한창 엄마의 손길이 필요한 나이에 사랑을 듬뿍 주고, 유학은 나중에 보내도 늦지 않는다."라고 말했다.

유학을 빨리 결정한 것이 '터닝 포인트'였다

2003년 미국 카네기홀에서 세계 남성 성악가 중 최연소 독창회 기록을 세우며 데뷔하여 사람들의 주목을 받았던 팝페라 테너 임형주는 "자신의 길을 빨리 찾고 성공적인 커리어를 쌓을 수 있었던 비결은 10대에 자신의 재능을 빨리 발견하고 한 분야에 열정을 쏟은 것이다."라고 말했다. 그는 진로를 택하기까지 터닝 포인트가 크게 3번 정도 있었는데, 그중의 하나가 유학을 빨리 결심한 것이라고 했다. "당시 음악을 하는 아이들에게는 전형적인 엘리트 코스라는 것이 있었어요. 사립초등학교를 졸업한 후 예원학교·서울예술고를 거쳐 서울대에 들어가는 길이었죠. 유학을 결심할 당시, 저도 예원학교를 졸업하고 서울예술고에 합격을 한 상태였고요. 갑자기 제가 우물 안 개구리 같다는 생각이 들었어요. 그래서 줄리아드음대 예비 학교에 도전하게 됐어요."

유하림이 공개한 미국 유학 성공기, 미국 명문 노스웨스턴대 최연소 학부 조교로 인정받다

체계적인 사교육을 받은 특목고 출신이어야만 미국 명문대에 진학할 수 있다는 통념을 깨고 지난 2008년 9월, 혼자 힘으로 미국 4년제 대학 랭킹 12위의 노스웨스턴대에 입학하여 화제를 모았던 유하림. 공부보다는 '놀기'를 좋아하는 평범한 고등학생이었던 그가 사교육은 물론 유학원의 도움 없이 2년 만에 내신 성적, SAT 점수, 대학 장학금까지 완벽한 준비를 통해 미국 명문대에 입학하게 된 것은 그야말로 놀라운 결과였다.

유하림은 학기 내내 상위 10% 우등생을 선정하는 '딘스 리스트(Dean's

List)'에 오르고, 학부생으로서는 최연소로 정식 조교에 임명되었다. 전 하버드대 교수이자 현재 노스트웨스턴대 수학과에서 강의를 하고 있는 마티나 보드 교수는 "22년 동안 수많은 학생들을 가르쳐보았지만 유하림처럼 놀라운 학생은 드물다."라고 평가했을 만큼 그의 실력은 정평이 나 있다.

하지만 유하림은 한때 36점이라는 성적표를 받던 수학 포기자였고, 고등학교 때까지 늘 가장 못하는 과목으로 수학을 꼽았던 학생이었다. 그런 그가 지금은 시간만 나면 하루 종일 수학 문제와 씨름하는 수학 우등생이 된 것이다. "중·고등학교 때는 수학을 무척 싫어했어요. 부모님 권유로 학원도 다녀보려 했는데, 제대로 설명해주지도 않고 바로 문제 풀이를 시작하더라고요. 수학 문제는 유형별로 익히면 된다면서 개념 설명은 그냥 건너뛰는 거예요. 기출 문제들을 짜깁기해서 만들어놓은 유형이라는 것을 굳이 학원에 가서 배우고 싶지 않았어요. 어렵고 시험 점수가 잘 안 나오더라도 원리를 이해하고 익히는 공부를 하려 했던 것이 지금 실력으로 나타나는 것 같아요."

문과 출신에 경제학 공부를 계획했던 그가 용감하게 수학을 전공으로 선택한 데는 제대로 된 진짜 공부에 대한 열망과 믿음이 작용했다. 유하림은 아무런 지원 없이 혼자 힘으로 공부에 몰두한 유학 준비 시절부터 요령 위주로 익히는 겉핥기식 학습을 철저히 배제했다. 가끔 너무 멀리 돌아가는 것은 아닌지 초조한 마음이 들 때도 있었지만 좋아하는 것 위주로 몰입하면서 즐겁게, 그러나 원리부터 확실히 파고들었다.

유하림의 유학 생활 성공 비결 중에는 체력 관리를 빼놓을 수 없다. 공부도, 사회 생활도 우선 강인한 체력이 뒷받침되어야 가능한 것이라는 생각에 지금껏 한 번도 운동을 게을리해본 적이 없다. 체력이 바탕이 되니까 책상 앞에 오래 앉아 있어도 지치지 않았다. "수학에 푹 빠져 있고 싶은데 통 여유가 없어 걱정이네요. 이상한 사람처럼 보일지도 모르겠지만, 사실 저는 수학 시험 전날이면 무척 기분이 좋아요. 어떤 문제와 만나게 될지 마음이 설레거든요. 제가 한때는 그토록 싫어하던 수학과 이렇게 사랑에 빠지게 된 것은 스스로 몰두하는 방법을 찾았기 때문이에요. 스스로 생각하고 집중하는 힘, 그것이 제 공부의 비결입니다."

나의 적성 알아보기

A. 신체 운동 능력

- □ **1.** 운동장 두 바퀴를 중간에 멈추지 않고 달릴 수 있는가?
- □ **2.** 선생님이 처음으로 시범을 보인 동작을 잘 따라할 수 있는가?
- □ **3.** 피구를 할 때 아주 빠르게 던지는 공을 피할 수 있는가?

:: 관련 직업 : 무용가, 배우, 운동선수, 스포츠 해설가, 경찰, 산악인, 파일럿, 엔지니어, 배우 등

B. 공간 지각 능력

- □ **1.** 짧은 시간 안에 사물의 특징이 잘 드러나게 그릴 수 있는가?
- □ **2.** 종이 접기나 로봇 조립을 할 때 그림으로 된 설명서를 잘 이해하는가?
- □ **3.** 가구나 물건을 옮겨서 보기 좋고 편리하게 배치할 수 있는가?

:: **관련 직업 : 조각가, 외과·치과의사, 그래픽 디자이너, 건축가, 애니메이터 등**

C. 음악 능력

□ **1.** 처음 듣는 노래도 음의 높낮이와 장단에 맞게 따라 부를 수 있는가?

□ **2.** 악기로 간단한 곡을 잘 연주할 수 있는가?

□ **3.** 음악에 푹 빠져서 감상할 수 있는가?

:: **관련 직업 : 작곡가, 연주가, 성악가, 댄서, 조율사, 음악 치료사, 음향 기술자 등**

D. 언어 능력

□ **1.** 글을 통해 나의 느낌이나 주장을 잘 표현할 수 있는가?

□ **2.** 글을 읽거나 다른 사람의 말을 들을 때 중심 내용을 잘 이해할 수 있는가?

□ **3.** 나의 의견이나 기분을 상대방에게 말로 잘 전달할 수 있는가?

:: **관련 직업 : 법률가, 웅변가, 작가, 시인, 방송인, 문학 평론가, 개그맨 등**

E. 수리 논리력

□ **1.** 여러 가지 사실들로부터 일반적인 결론을 이끌어 낼 수 있는가?

□ **2.** 수학 문제를 잘 파악하고 다양한 방법으로 답을 구할 수 있는가?

□ **3.** 복잡한 계산도 정확하게 할 수 있는가?

:: **관련 직업 : 과학자, 은행원, 컴퓨터 프로그래머, 의사, 탐정, 공인 회계사 등**

F. 자기 성찰 능력

□ 1. 쉽게 화를 내지 않으며, 화가 나더라도 잘 누그러뜨릴 수 있는가?

□ 2. 잘못된 일에 대해서 내 책임을 인정하는 편인가?

□ 3. 목표를 세우고 이를 이루는 방법에 대해 계획을 세워 실천할 수 있는가?

:: **관련 직업 : 심리학자, 신학자, 철학자, 작가, 특수 학교 교사 등**

G. 대인 관계 능력

□ 1. 친구의 어려운 사정을 들으면 마음이 아픈가?

□ 2. 처음 만나는 사람과도 금방 편하게 이야기할 수 있는가?

□ 3. 한 번 사귄 친구와 오랫동안 친구로 지내는가?

:: **관련 직업 : 교사, 종교 지도자, 정치 지도자, 심리 치료사, 사업가 등**

H. 자연 친화력

□ 1. 평소에 동물에 관한 프로그램이나 글을 관심 있게 보는가?

□ 2. 식물을 잘 보살피며 내가 돌보는 식물은 잘 자라는 편인가?

□ 3. 일상생활에서 환경 보호를 하고 있는가?

:: **관련 직업 : 생물학자, 수의사, 환경학자, 유전공학자, 원예가, 동물 조련사 등**

Special Page

"공부스타에게 배우는 만점공부법 체크리스트"

1. 공부스타들의 국어 만점공부법

나의 국어 공부법 체크리스트

공부스타들의 국어 만점공부법 10가지 가운데 내가 실천하고 있는 문항에 ☑ 표시를 하세요.

□ 1. 책읽기를 좋아하며, 책을 많이 읽는 편인가?

□ 2. 평소 생각을 많이 하고 질문이 많은가?

□ 3. 끝말잇기 놀이를 많이 하는가?

□ 4. 국어책을 읽을 때 뒷장의 문제를 먼저 읽은 후, 답을 찾기 위해 앞의 내용을 읽는가?

□ 5. 중요하다고 생각되는 단어나 문장에 표시하면서 책을 읽는가?

□ 6. 잘된 문장이나 좋은 시를 외우는가?

□ 7. 꾸준히 일기를 쓰는가?

□ 8. 모르는 단어가 나올 때마다 국어사전을 찾는가?

□ 9. 교과서의 제일 위쪽에 있는 색칠한 부분의 글을 먼저 읽고, 나중에 답을 적는가?

□ 10. 배운 내용을 책을 덮고 요약할 수 있는가?

채점 결과 □ 문항이 8~10개(우수) | 5~7개(보통) | 0~5(노력하세요!)

책을 많이 읽으면 글을 읽는 속도가 빨라지고, 지문의 주요 내용을 파악하는 데도 도움이 된다. 책의 주제에 구애받지 말고 많이 읽어라.

2. 공부스타들의 영어 만점공부법

나의 영어 공부법 체크리스트

공부스타들의 영어 만점공부법 10가지 가운데 내가 실천하고 있는 문항에 ☑ 표시를 하세요.

□ 1. 영어 단어는 손, 눈, 입을 모두 동원해서 외우는가?

□ 2. 영어책을 항상 크게 소리 내어 읽는가?

□ 3. 우리말로 해석하지 않고 우리글을 읽듯이 전체적인 내용과 뜻만 파악하는가?

□ 4. 단어만 따로 외운 후 그 단어가 들어 있는 문장 전체를 외우는가?

□ 5. 영어를 배운 후 집에서 반복해서 읽는가?

□ 6. 학교에 오기 전에 집에서 CD를 미리 듣고 오는가?

□ 7. 시험 직전에만 공부하는 것이 아니라 매일 조금씩 공부하는가?

□ 8. 친구들끼리 영어로 이야기하는 장난을 하는가?

□ 9. 영어를 박자에 맞추어 읽으면서 리듬감을 익히는가?

□ 10. 영어를 자주 사용하는 편인가?

채점 결과 □ 문항이 8~10개(우수) | 5~7개(보통) | 0~5(노력하세요!)

멘토의 한마디

개별 단어를 외우는 것도 도움은 되겠지만, 실제 그 단어가 어떻게 쓰이는지를 모르면 의미가 없다. 문장을 통째로 외우는 연습을 하면서 문장 구조와 단어를 한 번에 학습하자.

3. 공부스타들의 수학 만점공부법

나의 수학 공부법 체크리스트

공부스타들의 수학 만점공부법 10가지 가운데 내가 실천하고 있는 문항에 ☑ 표시를 하세요.

□ **1.** 한 단원을 배우기에 앞서 미리 그 단원의 주요 개념을 찾는가?

□ **2.** 문제를 읽을 때 묻고 있는 것에 밑줄을 치거나 동그라미를 하는가?

□ **3.** 어려운 문제는 그림을 그려서 푸는가?

□ **4.** 문제 풀이가 틀리면 실수의 원인을 반드시 찾는가?

□ **5.** 틀린 문제만 따로 모아 공책(오답 공책)을 만드는가?

□ **6.** 계산 과정을 암산하면서 뛰어넘지 않고 연습장에 풀면서 공부하는가?

□ **7.** 요령을 부리지 않고 문제의 식을 만든 후에 계산하는가?

□ **8.** 공식을 무조건 외우지 않고, 반드시 이해를 한 다음에 외우는가?

□ **9.** 계산을 잘하기 위해서 문제를 많이, 자주 푸는가?

□ 10. 한 문제를 여러 가지 각도에서 생각하여 다양한 방법으로 풀 수 있는가?

채점 결과	□ 문항이 8~10개(우수) | 5~7개(보통) | 0~5(노력하세요!)

대부분의 학생이 수학공부를 할 때 문제 풀이에만 집중한다. 그러나 시험에서는 개념을 '정확히' 알아야 풀 수 있는 문제가 출제된다. 문제를 풀기 전에 개념을 완벽하게 숙지하자.

4. 공부스타들의 사회 만점공부법

나의 사회 공부법 체크리스트

공부스타들의 사회 만점공부법 10가지 가운데 내가 실천하고 있는 문항에 ☑ 표시를 하세요.

□ 1. 무조건 외우기보다는 그 의미를 이해하기 위해 노력하는가?

□ 2. 텔레비전 뉴스를 자주 보는가?

□ 3. 사회 교과서 전체를 요약하는 표를 만들면서 공부하는가?

□ 4. 교과서의 그림, 도표, 지도를 꼼꼼하게 살피는가?

□ 5. 책 첫 장의 '사회 교과서 이렇게 꾸몄습니다.'를 읽고 전체 구성을 파

악하는가?

□ 6. 수업하기 전에 차례를 먼저 읽어보는가?

□ 7. 책을 읽을 때 큰 제목을 본 다음 작은 제목을 보고 각 제목의 답을 생각하는가?

□ 8. 역사나 세계 여러 나라에 관한 책이나 드라마를 좋아하는가?

□ 9. 어떤 역사적 사실을 원인–경과–결과–영향으로 종합하여 정리할 수 있는가?

□ 10. 사회 과목을 배우는 나름대로의 이유를 가지고 있는가?

채점 결과 □ 문항이 8~10개(우수) | 5~7개(보통) | 0~5(노력하세요!)

교과서가 답이다. 먼저 하루의 적절한 분량을 정하고 교과서를 정독하면서 흐름을 파악해야 한다. 그리고 교과서 세부 내용까지 완벽히 외우자.

5. 공부스타들의 과학 만점공부법

나의 과학 공부법 체크리스트

공부스타들의 과학 만점공부법 10가지 가운데 내가 실천하고 있는 문항에 ☑ 표시를 하세요.

□ 1. 주위의 과학적 현상에 관심을 가지고 과학 관련 책을 자주 읽는가?

□ 2. 주위 사람들의 말을 단순히 믿지 않고 '왜'라는 질문을 자주 하는 편인가?

□ 3. 외우기보다는 원리를 이해하기 위해서 노력하는가?

□ 4. 과학 단어나 용어의 뜻을 정확하게 설명할 수 있는가?

□ 5. 과학 실험을 하기 전에 가설을 세우고 실험을 진행하는가?

□ 6. 퍼즐을 풀거나 추리 소설을 읽으면서 결과를 미리 예측하는가?

□ 7. 과학책을 읽을 때 알아 내려고 하는 것이 무엇인지부터 생각하는가?

□ 8. 한 주제를 일반적인 방법 외에 다양한 방법을 통해서도 해결하려고 노력하는가?

□ 9. 실험을 하기 전에 실험의 절차를 먼저 머릿속에 떠올린 다음, 실험을 시작하는가?

□ 10. 실험의 결과를 해석하고, 결론을 논리적으로 친구에게 설명하는가?

채점 결과 □ 문항이 8~10개(우수) | 5~7개(보통) | 0~5(노력하세요!)

멘토의 한마디

어떤 실험의 의도부터 과정, 결론까지를 말로 설명할 수 있도록 학습하는 것이 좋다. 한 단원을 공부할 때 다른 단원의 다른 개념과 연관시켜보는 연습을 하면서 추론 능력을 키워보자.

책속의 책

책속의 책 1. 공부스타를 만든 비밀 키워드 63

책속의 책 2. 나를 바꾸는 21일간의 도전, 기적의 21플랜

책속의 책_1

공부스타를 만든 비밀 키워드 63

나에게 꼭 필요한 것은 무엇인가?

내가 가지고 있는 것은 무엇인가?

나는 무엇을 준비해야 하는가?

01_ 공부스타 박지영의 비밀

□ 1 **:다양한 시청각 교재 활용:** 다양한 시청각 교재를 활용했다.

□ 2 **:많이 표현해보기:** 영어책이든 한국어 책이든 즐겁게 읽고 많이 표현해 보았다.

□ 3 **:적극적인 독서 활동:** 독서를 통해 간접 경험을 많이 쌓고, 사고의 수준을 높였다.

02_ 공부스타 김소라의 비밀

□ 4 **:매일 아침 7시:** 오전 7시에 일어나자마자 CNN을 시청했다.

□ 5 **:3년 지속의 힘:** 3년을 그렇게 했더니 뉴스의 70%쯤을 이해할 수 있게 되었다.

□ 6 **:자투리 시간:** 등·하교 시간마다 MP3로 녹음한 영어 듣기 파일을 들었다.

03_ 공부스타 홍상빈의 비밀

□ 7 **:영어책 읽기:** 한 달에 소설 원서를 8권 정도 읽었다.

□ 8 **:영어 소설 쓰기:** 영어 소설을 쓴 경험이 에세이 작성에 큰 도움이 되었다.

□ 9 **:자기주도 반복 학습:** 학원에 보내지 않고 반복 학습을 많이 시켰다.

04_ 공부스타 유진선의 비밀

□ 10 **:자기주도학습:** 혼자 공부하는 것이 훨씬 낫다.

□ 11 **:개념 설명 반복 읽기:** 개념 설명을 반복해서 읽어 완전히 자기 것으로 만들었다.

□ 12 **:오답 노트:** 틀린 문제를 따로 정리하여 내 약점을 파악하는 것이 중요하다.

05_ 공부스타 박성빈의 비밀

□ 13 **:꾸준히 공부:** 7살 때부터 동네 서예학원에서 붓글씨를 쓰며 한자를 접했다.

□ 14 **:빠른 속도로 흡수:** 공부할 때 새로운 개념을 이해하고 흡수하는 속도가 빠르다.

□ 15 **:학습 능력 중시:** 한자 급수나 한자 성적 자체는 크게 중요하지 않다.

06_ 공부스타 문형범의 비밀

- ☐ 16 **: 왕성한 책 읽기:** 고3까지 읽은 책은 대략 5,000권이 넘는다.
- ☐ 17 **: 독서 습관:** 바쁜 수험생활 중에도 독서를 소홀히 하지 않았다.
- ☐ 18 **: 꾸준한 글쓰기:** 고3년여 동안 200자 원고지 1,000매에 가까운 글을 썼다.

07_ 공부스타 권오황의 비밀

- ☐ 19 **: 장애 요소를 성공 요소로:** 자신의 단점을 장점으로 승화했다.
- ☐ 20 **: 작은 것의 힘:** 거창한 주제보다는 실제 생활에서 느낀 바를 썼다.
- ☐ 21 **: 솔직함:** 솔직하게 쓰는 것이 중요한 것 같다.

08_ 공부스타 명은혜의 비밀

- ☐ 22 **: 자기주도성:** 나 스스로 공부를 잘해야겠다는 생각을 하기 때문에 열심히 한다.
- ☐ 23 **: 교과서 많이 읽기:** 시험 대비를 할 때는 교과서를 많이 읽는다.
- ☐ 24 **: 잔소리 안 하기:** 부모가 공부하라는 잔소리를 하지 않는다.

09_ 공부스타 이혜민의 비밀

□ 25 **:집중해서 듣기:** 선생님 말씀을 한마디도 놓치지 않기 위해 노력한다.

□ 26 **:반드시 질문:** 모르는 것은 반드시 질문해서 알고 넘어간다.

□ 27 **:교과서 중심:** 시험 공부를 할 때는 항상 교과서로 시작해서 교과서로 끝낸다.

10_ 공부스타 김수정의 비밀

□ 28 **:학원 정리:** 갈수록 지치고, 학원에 끌려 다니는 것 같아 한 달도 안 돼 학원을 그만 두었다.

□ 29 **:스스로 복습:** 60%는 스스로 복습을 해야 얻을 수 있다.

□ 30 **:자기주도학습:** 혼자 계획을 짜고 독서실을 다니면서 공부를 하기 시작했다.

11_ 공부스타 송유근의 비밀

□ 31 **:호기심과 질문:** 방송 인터뷰 중 어머니에게 갑자기 "천연두가 뭐야?"라고 물었다.

□ 32 **:직접 체험 중시:** "사자가 뭐야?"라고 물으면 동물원에 데리고 갔다.

□ 33 **:무서운 집중력:** 하루 14시간 동안 공부하고 실험해도 지루한 줄을 모른다.

12_ 공부스타 김수진의 비밀

□ 34 **: 최선을 다한 노력 :** 나는 내가 할 수 있는 한 최선을 다한다.

□ 35 **: 공부 전략 :** 시험 또는 과목의 종류마다 초점을 달리하여 공부한다.

□ 36 **: 수업 집중 :** 선생님의 눈을 쳐다보면서 어느 것 하나라도 놓치지 않으려고 노력한다.

13_ 공부스타 김하연의 비밀

□ 37 **: 매일 계획하기 :** 공부 계획을 매일매일 세웠다.

□ 38 **: 부족한 것 감 잡기 :** 수업을 들으면서 '오늘은 이것이 부족하다'는 감을 잡는다.

□ 39 **: 스스로 공부 실험 :** 스스로 하는 '공부 실험'에 1년쯤 과감히 투자했다.

14_ 공부스타 양수연의 비밀

□ 40 **: 끝까지 확인 :** 모르는 문제가 있으면 끝까지 확인한다.

□ 41 **: 노력하는 자세 :** 항상 노력하는 자세로 열심히 임한다.

□ 42 **: 확실한 정리 :** 내 것으로 만든다는 생각을 갖고 확실하게 정리한다.

15_ 공부스타 유지현의 비밀

□ 43 **:자기주도학습:** 그 흔한 경시대회 대비 학원에 다녀본 적이 없다.

□ 44 **:분명한 목표 의식:** 카이스트에서 신소재 공학을 전공하고 싶다.

□ 45 **:관심 분야 선택:** 포기하지 않은 것은 과학이 좋았기 때문이다.

16_ 공부스타 성현우의 비밀

□ 46 **:생활 규칙:** 스스로 만든 규칙을 지키기 위해 노력했다.

□ 47 **:아이 생각 존중:** 아이가 싫어하는 것을 억지로 시키지 않았다.

□ 48 **:필요성 깨우치기:** 아이가 공부의 필요성을 깨우치도록 했다.

17_ 공부스타 이두영의 비밀

□ 49 **:도전 정신:** 생명과 자연의 신비에 도전하기로 했다.

□ 50 **:호기심:** 거미줄이 신기해서 시작했다.

□ 51 **:창의력:** 거미줄 구조를 건축물이나 도로망 등에 활용할 수 있다.

18_ 공부스타 정환보의 비밀

□ 52 **:충분한 휴식:** 휴식 시간을 충분히 두고, 너무 타이트하지 않게 공부했다.

□ 53 **:과목 배치 전략:** 서로 상반되는 과목을 배치해 공부에 탄력을 주었다.

□ 54 **:0.1% 공부법:** 수업 시간에 배운 내용은 모두 이해하려고 노력했다.

19_ 공부스타 이승용의 비밀

- 55 **:철저한 계획:** 목표를 달성하기 위해서 세밀한 사항들을 계획한다.
- 56 **:부단한 노력:** 특별한 묘책은 없고, 그냥 열심히 하려고 노력한다.
- 57 **:시간 관리:** 한 달, 1주일, 하루, 시간별로 나누어 계획을 세우고, 이에 맞추어 생활한다.

20_ 공부스타 임건의 비밀

- 58 **:선생님께 질문:** 모르는 것이 있으면 항상 선생님께 질문한다.
- 59 **:친구 간의 경쟁 의식:** 친구 간의 경쟁 의식은 스스로를 다잡게 해준다.
- 60 **:목표를 향한 노력:** 목표를 세우고 목표를 향해 얼마나 노력하느냐가 중요하다.

21_ 공부스타 박주표의 비밀

- 61 **:빠른 준비:** 중학교 때부터 유학 준비를 했다.
- 62 **:심취:** 초등학교 5학년 이후 만화와 애니메이션에 깊이 빠져들었다.
- 63 **:영어 독해력:** 영어는 1주일에 적어도 2권의 영어 소설을 독파했다.

나를 바꾸는 21일간의 도전, 기적의 21플랜

나를 바꾸는 습관 21가지! 체크리스트

1 자신의 위치를 확인하라. 그래야 공격 지점이 보이기 시작한다

- ☐ **Day1.** 나는 가족을 사랑하며 부모님을 존경하는가?
- ☐ **Day2.** 나는 학교를 좋아하며 선생님을 존경하는가?
- ☐ **Day3.** 나는 모든 과목을 좋아하기 위해 늘 방법을 찾고 있는가?
- ☐ **Day4.** 나는 질문하는 것을 좋아하는가?

2 자신의 동상을 만들라. 어디에 세울 것인지 결정하라

- ☐ **Day5.** 나만의 꿈이 있는가?
- ☐ **Day6.** 나는 목표 달성을 위해 배운 것을 실천하는가?
- ☐ **Day7.** 나는 주위에 있는 모든 사람을 사랑하는가?

3 결심하고 선언하고 실행하라. 내 인생은 내가 만든다

- ☐ **Day8.** 나의 결심은 언제나 구체적이고 확실한가?
- ☐ **Day9.** 나의 결심을 가족과 친구들이 알고 있는가?
- ☐ **Day10.** 나는 매일 아침마다 미래의 내 모습을 떠올리는가?

④ 생각하고 생각하고 생각하라. 이유를 알면 답이 보인다

□ **Day11.** 나는 언제나 '왜?'를 생각하는가?

□ **Day12.** 나는 이유를 들어 스스로를 설득하기 위해 노력하는가?

□ **Day13.** 나는 나의 미래 모습을 분명히 설명할 수 있는가?

⑤ 선택하고 집중하라. 낙숫물은 바위도 뚫는다

□ **Day14.** 나는 무엇인가를 선택할 때 분명한 기준이 있는가?

□ **Day15.** 나는 선택한 일을 잘 마무리하기 위해 최선을 다하는가?

□ **Day16.** 나는 내가 한 모든 일에 대해 철저한 자기 평가를 하는가?

⑥ 가지치기도 기술이다. 우선순위를 결정하라

□ **Day17.** 나는 언제나 가장 중요한 일부터 처리하는가?

□ **Day18.** 나는 해야 할 일은 어떤 경우에도 미루지 않는가?

□ **Day19.** 나는 매일의 일과를 시간순으로 기록하여 평가하는가?

⑦ 빠른 것이 큰 것을 이긴다. 시간을 지배하라

□ **Day20.** 나는 시간도둑인 게임이나 TV 시청을 최대한 자제하는가?

□ **Day21.** 나는 매일 시간 일지를 기록하는가?

Day1 나는 가족을 사랑하며 부모님을 존경하는가?

나를 바꾸는 기적 '30초 씽킹'

여러분의 가족 가운데 누가 가장 많은 사랑을 받고 있을까요? 아마 이 글을 읽고 있는 여러분일지도 모르겠네요. 사랑한다는 말을 자주 못 듣는다고요? 그렇다고 해서 부모님이 여러분을 사랑하지 않는 것은 아니지요. 아마도 이 세상에서 여러분을 가장 사랑하는 사람들은 부모님일거예요. '우리 부모님은 정말 나를 사랑하는구나.'하는 생각이 언제 들었나요? 부모님의 그때 마음이 느껴지나요? 그래서 어떤 생각을 하게 되었나요? 이제 여기 적어보세요.

쓰면 이루어지는 기적 '3분 플래닝'

1. 내가 부모님으로부터 사랑받고 있다는 것을 알게 된 일들은?

---

2. 내가 부모님을 존경하고 사랑하고 있음을 나타낸 일들은?

---

3. 오늘 부모님께 감사하다고 말한 일들은?

생각하기 가족을 사랑하고 있다는 것을 어떻게 나타낼 수 있을까요?

행동하기 가족을 사랑하고 있다는 것을 어떻게 표현했나요?

돌아보기 오늘은 나의 노력에 몇 점을 줄까요? 어떤 변화가 있었나요?

나는 학교를 좋아하며 선생님을 존경하는가? Day2

나를 바꾸는 기적 '30초 씽킹'

학교 가기가 싫었던 적은 없었나요? 아무 이유도 없이 선생님이 미워졌던 적은 없었나요? 누구나 그런 경험을 하지요. 아마 부모님도 그런 경험이 한두 번쯤은 있었을 거예요. 부모님은 그런 기분이 들 때 어떻게 이겨 냈는지 여쭈어 보세요. 부모님도 그런 생각이 들었을 때가 있었다고 하시지요? 그래도 학교와 선생님이 많은 것을 가르쳐 주었다고 말씀하셨을 것 같네요.

쓰면 이루어지는 기적 '3분 플래닝'

1. 학교 가는 것이 즐겁고 행복했던 이유들은?

2. 내가 좋아하는 선생님을 좋아하게 된 이유들은?

3. 쉬는 시간을 가장 잘 활용하는 데는 어떤 방법이 있을까요?

생각하기 지금보다 학교와 선생님을 더 좋아하는 방법이 있을까요?

행동하기 선생님의 사랑을 받는다면 어떻게 행동하는 것이 좋을까요?

돌아보기 오늘은 나의 노력에 몇 점을 줄까요? 어떤 변화가 있었나요?

Day3 나는 모든 과목을 좋아하기 위해 늘 방법을 찾고 있는가?

나를 바꾸는 기적 '30초 씽킹'

자신이 가장 좋아하는 과목은? 싫어하는 과목은? 모든 학생이 모든 과목을 다 좋아하는 것은 아니지요. 사람에 따라 꿈이 다르듯이 배우고 싶은 것도 다르거든요. 그래도 학교에서는 골고루 배우는 것이 좋지요. 골고루 배워 두지 않으면 어떤 문제가 생길까요? 맞아요. 편식하는 사람은 건강이 좋지 않은 것처럼 지식도 편식하면 이해력이 떨어지지요. 그래서 골고루 배워 두어야 하는 것이랍니다. 그래도 쉽지 않다고요? 그럼 함께 방법을 찾아보아요.

쓰면 이루어지는 기적 '3분 플래닝'

1. 내가 가장 좋아하는 과목과 그 이유를 적어볼까요?

---

2. 내가 가장 싫어하는 과목과 그 이유를 적어볼까요?

---

3. 내가 가장 싫어하는 과목을 나와는 반대로 좋아하는 친구를 조사해보세요.

생각하기 싫어하는 과목이 생긴 이유는 무엇일까요?

행동하기 선생님이나 친구들에게 도움을 받은 후 어떤 느낌이 들었나요?

돌아보기 오늘은 나의 노력에 몇 점을 줄까요? 어떤 변화가 있었나요?

나는 질문하는 것을 좋아하는가? Day4

나를 바꾸는 기적 '30초 씽킹'

몰라서 당황했던 경험이 있었나요? 그때 어떻게 행동했나요? 모르는 것보다 나쁜 것은 모르고 있는 것을 알려고 하지 않는 것이거든요. 그럼 무엇인가를 모르고 있을 때 어떻게 하는 것이 가장 좋을까요? 맞아요. 질문하는 것이지요. 질문은 알기 위해 노력하고 있음을 보여주는 가장 좋은 방법이지요. 알기 위해 질문하는 것을 주저하지 마세요. 질문이 많으면 학교생활도 무척 재미있어져요.

쓰면 이루어지는 기적 '3분 플래닝'

1. 과목별로 하고 싶은 질문들을 적어보세요.

---

2. 질문을 했을 때, 누군가가 '그것도 모르냐?'고 핀잔을 주면 어떻게 하면 좋을까요?

---

3. 친구들의 질문 중에 '참 좋은 질문이야?'라고 생각된 것이 있었나요?

생각하기 질문을 많이 하는 편인가요, 아니면 적게 하는 편인가요?

행동하기 매일매일 어떤 질문을 했는지 적어볼까요?

돌아보기 오늘은 나의 노력에 몇 점을 줄까요? 어떤 변화가 있었나요?

Day5 나만의 꿈이 있는가?

나를 바꾸는 기적 '30초 씽킹'

'너는 커서 뭐가 될래?'라는 질문을 받은 적이 있나요? 꿈이 있다는 것은 정말 좋은 일이지요. 자신의 꿈은 무엇인가요? 그 꿈을 꾸게 된 이유는 무엇인가요? 그것은 나의 꿈인가요? 아니면 부모님의 꿈인가요? 이런 질문에 대답해보는 것은 자신을 알아가는 아주 좋은 방법이지요. 꿈을 이룬다는 것은 하고 싶은 것을 마음껏 할 수 있다는 것을 말하지요. 하고 싶은 일을 마음껏 하면서 살 수 있으면 얼마나 좋을까요?

쓰면 이루어지는 기적 '3분 플래닝'

1. 나는 이런 일을 하면서 살고 싶어요. 내가 하고 싶은 일은?

2. 내가 그런 일을 하면서 살고 싶은 이유를 말하자면?

3. 자신이 원하는 꿈을 이룬 사람들을 알고 있어요. 그분들의 이름을 적어보면?

생각하기 꿈을 이룬 사람들의 공통점은 무엇이었을까요?

행동하기 꿈을 이루기 위해 오늘은 어떤 도전해 볼까요?

돌아보기 오늘은 나의 노력에 몇 점을 줄까요? 어떤 변화가 있었나요?

나는 목표 달성을 위해 배운 것을 실천하는가? Day6

나를 바꾸는 기적 '30초 씽킹'

"꿈을 꿀 수 있다면, 실현도 가능하다."는 말을 혹시 들어본 적이 있나요? 디즈니랜드를 만든 월트 디즈니가 한 말이지요. 꿈을 가지고 있다면 그 꿈을 실현할 수도 있어요. 많은 사람들이 이를 증명해 냈으니까요. 그런데 그것을 이루어 내기까지 어떤 일들이 있었는지 아세요? 불가능하다고 여겨지는 일들에 끊임없이 도전했지요. 성공은 배운 것을 실천했기 때문에 가능한 것이었어요. 오늘은 나의 성공 스토리를 적어볼까요.

쓰면 이루어지는 기적 '3분 플래닝'

1. 목표를 이루기 위해 어떤 배움에 도전하고 있는지 적어보세요.

---

2. 배움을 사랑해서 아름다운 결과를 만들어 낸 사람들의 이름을 적어보세요.

---

3. 자신의 이름도 배움을 사랑하고 실천한 사람들의 이름 속에 들어 있나요?

생각하기 배움을 사랑하고, 배운 것을 실천하고 있나요?

행동하기 오늘은 어떤 것을 끝까지 해결해보았나요?

돌아보기 오늘은 나의 노력에 몇 점을 줄까요? 어떤 변화가 있었나요?

Day7 나는 주위에 있는 모든 사람을 사랑하는가?

나를 바꾸는 기적 '30초 씽킹'

가장 기분이 좋을 때는 언제였나요? 용돈을 많이 받았을 때? 성적이 많이 올랐을 때? 아니면 누군가로부터 칭찬을 받았을 때? 세상의 모든 사람들은 칭찬받는 것을 매우 좋아한답니다. 혹시 이런 생각을 해본 적이 있나요? '사람들은 나를 어떤 사람이라고 생각할까? 내 이름을 들으면 제일 먼저 어떤 생각을 할까?' 아마 한 번쯤은 생각해보았을 것 같네요. 오늘은 세상에서 가장 아름다운 것이 무엇일까 생각해보고, 실천해볼까요?

쓰면 이루어지는 기적 '3분 플래닝'

1. 자신이 좋아하는 사람을 위해서 하기 싫은 일을 해본 적이 있나요?

2. 아무도 모르게 한 일이지만 마음이 정말 행복한 일이 있었나요?

3. 미안하다고, 감사하다고, 노력하겠다고 자주 말하나요?

생각하기 사람들이 나의 무엇을 가장 많이 칭찬하는지 적어보세요.

행동하기 다른 사람들을 행복하게 한 어떤 일이 있었나요?

돌아보기 오늘은 나의 노력에 몇 점을 줄까요? 어떤 변화가 있었나요?

나의 결심은 언제나 구체적이고 확실한가? Day8

나를 바꾸는 기적 '30초 씽킹'

누군가에 혼난 적이 있나요. 그때의 마음은 어땠나요? 잘못이 없는데도 야단을 맞으면 억울해서 화가 나지만, 잘못해서 야단맞을 때도 속상한 것은 왜 그럴까요? 그것은 잘 하고 싶었는데, 더 잘할 수 있었는데 그렇게 하지 못해서 느끼는 억울함 때문이에요. 그러니까 마음은 언제나 노력하고 있었다는 것이지요. 이제 자신감을 가져 보세요. 그리고 이렇게 외쳐 보세요. '나는 잘할 수 있다. 잘하려고 노력하고 있다. 그러니까 잘될 것이다.'

쓰면 이루어지는 기적 '3분 플래닝'

1. 어떤 이유로 야단맞았나요? 어떻게 노력했는지도 적어보세요.

---

2. 내게 야단치신 분에게 자신의 결심을 밝히는 것이 좋은 이유는 무엇일까요?

---

3. 자신의 단점이 고쳐졌을 때 어떤 모습일지 상상이 되나요?

생각하기 자신의 단점을 고칠 수 있는 가장 좋은 방법을 찾아보았나요?

행동하기 나를 야단치는 사람에게 어떻게 하면 좋을지 물어보는 것이 좋은 이유는?

돌아보기 오늘은 나의 노력에 몇 점을 줄까요? 어떤 변화가 있었나요?

Day9 나의 결심을 가족과 친구들이 알고 있는가?

나를 바꾸는 기적 '30초 씽킹'

교통사고 뉴스를 본 적이 있지요? 사고의 가장 큰 원인은 잘못된 운전 습관 때문이라고 하네요. 잘못된 습관은 삶을 의도하지 않은 방향으로 이끌지요. 어른들이 담배를 쉽게 끊을 수 없는 것과 같이 잘못된 습관을 고친다는 것이 쉽지는 않아요. 어떻게 하면 나쁜 습관을 고칠 수 있을까요? 오늘은 나쁜 습관을 반드시 고치기 위해 구체적으로 계획하고 가족과 친구들의 도움을 요청하는 것이 얼마나 중요한지 생각해 볼까요?

쓰면 이루어지는 기적 '3분 플래닝'

1. 꿈을 이루는 데 걸림돌이 될 것 같은 나의 나쁜 습관들은 무엇일까요?

2. 위에 적힌 나쁜 습관들을 고치기 위해 해야 할 일들을 적어보세요.

3. 21일 동안 반복하면 좋은 습관이 만들어지지요. 작은 습관 하나를 바꾼다면?

생각하기 오늘은 어떤 습관을 고쳐 볼까요?

행동하기 고치고 싶은 습관이 있다고 누구에게 이야기했는지 적어보세요.

돌아보기 오늘은 나의 노력에 몇 점을 줄까요? 어떤 변화가 있었나요?

나는 매일 아침마다 미래의 내 모습을 떠올리는가? Day10

나를 바꾸는 기적 '30초 씽킹'

나의 꿈이 이루어졌을 때 어떤 모습일지 생각해보는 것을 상상해본다고 해요. 사람들은 힘들 때 행복한 상상을 하면서 견뎌 내지요. 지금 어떤 행복한 상상을 하고 있나요? 나의 미래 모습에 가족과 친구들이 감동받는 모습을 상상하고 있나요? 그런 상상을 할 때마다 어떤 기분이 드나요? 가슴이 뜨거워지고, 더 많이 노력하고, 더 많은 것을 배워야겠다는 결심을 하게 되지요.

쓰면 이루어지는 기적 '3분 플래닝'

1. 가족들과 친구들은 나의 어떤 모습에 놀라워하나요?

---

2. 10년 후 미래의 내 모습을 상상해보고, 그 모습을 그려보거나 적어보세요.

---

3. 오늘 아침은 어떤 말로 미래의 내 모습에 인사했는지 적어보세요.

생각하기 꿈을 이루는 데는 어떤 어려움들이 있을까요?

행동하기 가족이나 친구들에게 자신의 미래 호칭을 불러 달라고 해보세요.

돌아보기 오늘은 나의 노력에 몇 점을 줄까요? 어떤 변화가 있었나요?

Day11 나는 언제나 '왜?'를 생각하는가?

나를 바꾸는 기적 '30초 씽킹'

하기 싫은 어떤 일을 억지로 해본 경험이 있지요? 세상에는 두 가지 일이 있는데, 그 두 가지 일이란 자신이 하고 싶은 일과 하기 싫은 일이에요. 어떤 때는 정말 하기 싫은 일인데도 꼭 해야만 할 때가 있지요. 공부가 그중 하나이지요. 어떤 일을 하기 싫을 때 즐겁게 할 수 있는 좋은 방법이 있어요. 그것은 '내가 왜 그 일을 해야 하는가 하는 이유를 아는 것'이지요. 이유를 알고 나면 스트레스가 줄어들겠지요?

쓰면 이루어지는 기적 '3분 플래닝'

1. 뉴턴의 어떤 행동이 '중력의 법칙'을 발견하게 했을까요?

2. 좋은 계획이나 좋은 결과를 만들기 위해 필요한 것은 무엇일까요?

3. 오늘 있었던 일 중에서 '왜?'라는 질문을 가장 많이 한 일은 무슨 일이었나요?

생각하기 지나간 일 중에서 생각하기도 싫은 일들이 생기는 이유가 무엇일까요?

행동하기 오늘도 별로 하고 싶지 않은 일을 하게 된 일이 있었나요?

돌아보기 오늘은 나의 노력에 몇 점을 줄까요? 어떤 변화가 있었나요?

나는 이유를 들어 스스로를 설득하기 위해 노력하는가? Day12

나를 바꾸는 기적 '30초 씽킹'

꿈을 이룬 사람들은 성공한 다음에 있을 기쁨을 생각하며, 성공하기까지 많은 어려움을 이겨 냈어요. 스스로를 설득한다는 것은 고통을 참아 내는 이유를 스스로 인정한다는 것이지요. 산 정상에서의 기쁨을 위해서는 이 정도는 참아야지 하는 생각으로 등산해본 적이 있나요? 기쁨을 위해 고통을 인내하는 것은 스스로를 설득하는 마음의 과정이랍니다. 이런 마음의 과정은 아무리 힘든 일도 견뎌 내게 하지요.

쓰면 이루어지는 기적 '3분 플래닝'

1. 오늘은 평소에 힘들어서 하고 싶지 않았던 일을 찾아서 실행해보세요.

---

2. 친구들 앞에서 당당하고 떳떳한 태도를 가져본 경험이 있나요?

---

3. 나를 설득시키는 나만의 좋은 방법을 알고 있나요? 있다면 어떤 방법인가요?

생각하기 평소 자신감이 넘치는 사람인가요?

행동하기 오늘 하루 자신을 설득시키고 책임지는 자세로 일해보세요.

돌아보기 오늘은 나의 노력에 몇 점을 줄까요? 어떤 변화가 있었나요?

Day13 나는 나의 미래 도습을 분명히 설명할 수 있는가?

나를 바꾸는 기적 '30초 씽킹'

누군가의 대학 졸업 사진을 본 적이 있지요? 대학 졸업장과 꽃다발로 자신의 꿈이 이루어진 것일까요? 아니에요. 졸업은 새로운 시작이지요. 스스로 만들어 가는 미래, 배움을 향한 새로운 도전이 시작되는 거지요. 대학에서의 배움은 새로운 도전을 위해 필요한 방법을 익힌 것뿐이랍니다. 언제나 새로운 일에 도전하고, 언제나 배움을 사랑하는 사람이 꿈을 이루는 세상이지요. 진정 자기 분야에서 성공하기를 원한다면 배움이라는 끈을 놓지 말아야 해요.

쓰면 이루어지는 기적 '3분 플래닝'

1. 완성도 높은 자동차를 설계하려면 카 디자이너에게 어떤 특성이 필요할까요?

2. 자신의 꿈을 이루기 위해, 꿈을 이루고 난 이후에도 필요한 것은 무엇일까요?

3. 지금 시간을 절약하며 배움을 실천하기 위해 어떤 노력을 하고 있나요?

생각하기 배움이 힘들고 지겹다는 생각을 가지면 어떤 일이 생길까요?

행동하기 오늘은 무엇을, 어떻게 배웠는지 적어볼까요?

돌아보기 오늘은 나의 노력에 몇 점을 줄까요? 어떤 변화가 있었나요?

나는 무엇인가를 선택할 때 분명한 기준이 있는가? Day14

나를 바꾸는 기적 '30초 씽킹'

어떤 스포츠를 좋아하나요? 모든 스포츠 경기는 이기고 지는 것을 정확하게 가늠하는 판단 기준을 가지고 있어요. 어떤 일에 기준을 갖는다는 것은 매우 중요한 일이랍니다. 여러분은 어떤 기준을 갖고 있나요? 예를 들어 친구를 사귀는 기준이나 텔레비전 시청에 관한 기준은 있나요? 컴퓨터 오락 게임을 언제 얼마만큼 할 것인지, 어떤 경우에 하지 않을 것인지에 대한 기준도 있나요? 오늘은 생활에 필요한 기준에 대해 생각해봐요.

쓰면 이루어지는 기적 '3분 플래닝'

1. 어떤 사람이 나의 친구가 될 수 있는지, 그 기준을 적어볼까요?

---

2. 시간을 절약하기 위해서는 어떤 기준을 가지고 있나요?

---

3. 기준이 있을 때와 없을 때 어떤 차이가 있을까요?

생각하기 나의 생활 기준을 검토해보세요. 어떤 분야에 어떤 기준이 있나요?

행동하기 내가 만든 생활 기준을 예쁘게 만들어 잘 보는 곳에 붙여 보세요.

돌아보기 오늘은 나의 노력에 몇 점을 줄까요? 어떤 변화가 있었나요?

Day15 나는 선택한 일을 잘 마무리하기 위해 최선을 다하는가?

나를 바꾸는 기적 '30초 씽킹'

"참 잘했어요!"라는 말을 들으면 기분이 무척 행복해지지요. 이런 행복을 주는 칭찬의 말은 하던 일을 잘 마무리했을 때 들을 수 있지요. 그래서 일을 할 때는 마무리가 매우 중요하답니다. 일의 성과는 '그 일을 어떻게 마무리해야 해야 하는가?'에 대한 기준으로 평가되지요. 기준이란 설계도와 같은 역할을 해요. 설계도가 있으면 일이 잘 진행되고 있는지, 그렇지 않은지를 점검해볼 수가 있거든요.

쓰면 이루어지는 기적 '3분 플래닝'

1. 오늘 할 일을 언제까지, 어떻게, 어느 정도로 할 것인지 기준을 세워 볼까요?

---

2. 오늘 어쩔 수 없이 해야 할 일이 있다면, 그 일의 기준을 정해서 마무리해볼까요?

---

3. 오늘 순서와 방법을 정해서 한 일 가운데 스스로 만족스러웠던 어떤 일이 있었나요?

생각하기 잘 마무리한 일이 있다면 그 일을 열심히 한 동기가 무엇이었나요?

행동하기 오늘 하루 자신이 마무리한 어떤 일에, 어떻게 칭찬했는지 적어볼까요?

돌아보기 오늘은 나의 노력에 몇 점을 줄까요? 어떤 변화가 있었나요?

나는 내가 한 모든 일에 대해 철저한 자기 평가를 하는가? Day16

나를 바꾸는 기적 '30초 씽킹'

어머니를 비롯한 어른들이 지나간 일을 들먹이며 같은 말을 반복적으로 하는 이유는 무엇일까요? 그 실수를 줄여주기 위한 것이지요. 오늘 한 일 중에 끝난 일이 있나요? '그 일을 꼼꼼히 따져보고 개선할 점이 없는지 생각해보세요. 그것은 다음을 위한 디딤돌이 되거든요. '조금 더 잘할 수는 없었을까? 다른 방법은 없었을까?' 등을 따져 보는 습관을 가져보세요.

쓰면 이루어지는 기적 '3분 플래닝'

1. 'feedback'이라는 영어 단어를 들어본 적이 있나요? 그 의미를 찾아 적어보세요.

---

2. 어떤 일을 성공시키는 데 있어서 feedback의 중요성을 정리해보세요.

---

3. 자신이 하는 모든 일을 기록하고 정리하는 feedback note를 만들어 보세요.

생각하기 스스로 자기 평가를 해본 적이 있나요? 어떻게 평가했는지 적어보세요.

행동하기 feedback note를 만들어 성공의 법칙을 실천해보세요.

돌아보기 오늘은 나의 노력에 몇 점을 줄까요? 어떤 변화가 있었나요?

Day17 나는 언제나 가장 중요한 일부터 처리하는가?

나를 바꾸는 기적 '30초 씽킹'

사람들이 가장 많이 쓰는 말은 무엇일까요? 오늘 들었던 말 중에서 곰곰이 생각해보세요. 아마도 '바쁘다 바빠'라는 말이 아닐까요? 시험 때가 되면 할 일이 너무 많아 스트레스가 너무 심한가요? 스트레스를 줄이는 방법이 있어요. 모든 일을 우선순위를 정해 순서대로 하는 것이지요. 오늘은 우선순위를 정하는 습관을 만들어볼까요? 알고 나면 쉽고 재미나는 일이지요.

쓰면 이루어지는 기적 '3분 플래닝'

1. 오늘 할 일 가운데 가장 중요하고 급한 일의 순서대로 번호를 매겨볼까요?

2. 반드시 해야 할 일이 꼭 하고 싶은 일과 충돌할 때 어떻게 하면 좋을까요?

3. 우선순위를 정하고 실천하는 것이 얼마나 중요할까요?

생각하기 우선순위를 정할 때 어떤 기준을 적용해야 될까요?

행동하기 오늘은 꼭 필요한 일만 해볼까요? 어떤 중요한 일을 우선순위로 했나요?

돌아보기 오늘은 나의 노력에 몇 점을 줄까요? 어떤 변화가 있었나요?

나는 해야 할 일은 어떤 경우에도 미루지 않는가? Day18

나를 바꾸는 기적 '30초 씽킹'

일을 자주 미루는 버릇이 있나요? '오늘 못하면 내일 하지!'라고 생각될 때가 있지요. 사실 많이 피곤하거나 시간이 없을 때 어른들도 그런 말을 할 때가 있지요. 그러다가 결국 내일 하려던 그 일을 못하는 경우가 종종 생기기도 하지요. 일을 미룬다는 것은 계획이 잘못되었거나 나태함 때문이지요. 사실 무엇인가를 미룬다는 것은 그만큼 할 일이 쌓여 가는 것이거든요. 어떻게 하면 좋을까요?

쓰면 이루어지는 기적 '3분 플래닝'

1. 일을 미룬 적이 있나요? 어떤 일을, 왜 미루었는지 적어보세요.

---

2. 일을 미루지 않기 위해서 일의 제목을 적고, 계획서를 만들어 보세요.

---

3. 일을 미루지 않기 위해서 계획한 일을 일찍 시작해보세요.

생각하기 평소에 미루는 습관이 있나요? 아니면 즉시 처리하는 습관이 있나요?

행동하기 아주 간단한 '책상과 방 정리하기 실행 계획서'를 작성해 보세요.

돌아보기 오늘은 나의 노력에 몇 점을 줄까요? 어떤 변화가 있었나요?

Day19 나는 매일의 일과를 시간순으로 기록하여 평가하는가?

나를 바꾸는 기적 '30초 씽킹'

가장 가난한 사람과 가장 부자인 사람이 똑같이 소유하고 있는 것이 있어요. 그것이 무엇인지 알고 있나요? 시간이지요. 이 지구상의 누구에게나 똑같이 주어진 자산은 시간이지요. 그런데 성공한 사람과 그렇지 못한 사람으로 나누어지는 이유가 무엇일까요? 시간을 어떻게 사용했느냐의 차이지요. 그래서 부모님들은 시간을 아껴 쓰라고 자주 말씀하시는 거예요. 시간을 지배하는 사람이 세상을 지배하기 때문이지요.

쓰면 이루어지는 기적 '3분 플래닝'

1. 오늘은 시간을 절약하는 가장 좋은 방법인 시간 사용 일지를 만들어 보세요.

2. 오늘은 얼마나 많은 시간을 절약했나요. 계산해보세요.

3. 자신의 시간 일지를 반드시 유산으로 물려주세요. 상상해서 적어보세요.

생각하기 시간을 절약하기 위해 오늘은 어떤 노력을 하였나요?

행동하기 자신이 만든 시간 일지를 가족과 친구들에게 자랑해보세요.

돌아보기 오늘은 나의 노력에 몇 점을 줄까요? 어떤 변화가 있었나요?

나는 시간도둑인 게임이나 TV 시청을 최대한 자제하는가? Day20

나를 바꾸는 기적 '30초 씽킹'

'참 바보 같은 짓을 했어. 어떻게 이런 실수를 했지!' 자기 자신에게 이렇게 말해본 적이 있나요. 마음을 가라앉히고 차분히 생각해보면 '몰랐어요, 알았으면 그렇게 하나요?' 그런 생각이 들지 않았나요? '지금 알고 있는 것을 그때 알았더라면 결코 후회하지 않을 텐데…….' 오늘은 그동안 어떤 바보 같은 일들이 있었는지 돌아보는 시간을 갖기로 해요. 그래서 가족과 친구들에게 큰소리로 '나는 바보가 아니다'라고 외쳐보세요.

쓰면 이루어지는 기적 '3분 플래닝'

1. 첫 번째 나를 바보로 만드는 바보 같은 일에는 어떤 일이 있을까요?

---

2. 두 번째 나를 바보로 만드는 바보 같은 일에는 어떤 일이 있을까요?

---

3. 세 번째 나를 바보로 만드는 바보 같은 일에는 어떤 일이 있을까요?

생각하기 그동안 얼마나 바보 같았는지 적어보세요.

행동하기 두고 보세요. 나는 다르니까요. 어떻게 다른지 보여드릴게요!

돌아보기 오늘은 나의 노력에 몇 점을 줄까요? 어떤 변화가 있었나요?

Day21 나는 매일 시간 일지를 기록하는가?

나를 바꾸는 기적 '30초 씽킹'

용돈을 관리하는 통장 잔고가 어느 정도인가요? 생각보다 많은가요? 아니면 부족한가요? 잔고의 과부족은 무엇을 하려고 하느냐에 따라 적을 수도, 많을 수도 있는 것이지요. 용돈은 이렇게 저축해서 나중에 쓸 수 있으니 참 좋지요. 시간을 아주 정확하게 맡길 수 있고, 나중에 찾아 쓸 수도 있는 곳이 있다면 한번 맡겨 볼까요? 시간은 분명히 맡길 수 있어요. 나중에 꺼내 쓸 수도 있고요. 그곳이 어디일까요? 깊이 생각해보세요.

쓰면 이루어지는 기적 '3분 플라닝'

1. 시간 일지는 용돈 기입장이나 통장과 같은 것이지요. 시간 일지를 적어보세요.

2. 저축한 시간이 부족한가요? 아니면 충분한가요?

3. 시간이 없으면 자기를 위해서 무엇을 해줄 수 있을지 생각해보세요.

생각하기

나는 나를 사랑하는 사람일까요? 만약 그렇다면 자신을 위해 무엇을 하고 있나요?

행동하기

자신의 인격을 높이기 위한 시간 일지를 기록해보세요.

돌아보기

오늘은 나의 노력에 몇 점을 줄까요? 어떤 변화가 있었나요?

체험학습연구개발협회
이사장 이경자님의 말

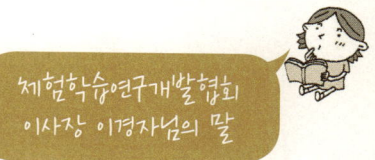

자기주도적인 학습 능력은 미래형 인재의 필수 조건!

자기주도학습은 이제 '선택'이 아니라 '필수'입니다. 누가 시켜서 하는 공부가 아닌 스스로 선택하고 책임지는 공부, 그리고 이를 통해 자신의 인생을 헤쳐 나가는 것이 바로 자기주도학습입니다. 최근 교육계의 가장 큰 변화는 역시 '자기주도학습 전형과 입학사정관제의 확대 실시'라고 할 수 있을 것입니다. 이 제도는 미래형 인재의 필수 조건인 자기주도적인 학습 능력을 평가하기 위해 실시하는 것입니다. 이 책은 점차 새로운 국면에 접어들고 있는 자기주도학습 환경 속에서 길을 잃지 않고 자신만의 길을 꿋꿋하게 걸어가는 데 많은 도움이 되는 지침서라고 할 수 있습니다.

이경자_ 공익사단법인 체험학습연구개발협회 이사장

에/필/로/그

습관을 만드는 기적의 '21일의 법칙'

자기주도학습 습관 들이기 대원칙은 '매일 일정한 시간에, 일정한 장소에서, 정해진 학습량을, 꾸준히 실천하기'이다.

어떻게 하면 원하는 목표를 달성할 수 있을까?

이 책의 독자들이 꿈의 목표를 달성할 수 있도록 돕는 것이 필자가 이 책을 쓴 가장 큰 이유다. 그 방법은 매우 간단하다. '목표를 설정한다', '계획한다', '실천한다'의 3단계만 거치면 쉽게 목표를 이룰 수 있다. 우선 종이 한 장을 준비한다. 그런 다음 종이의 맨 위에 '도전 목표'라고 쓰고 오늘 날짜를 적는다. 그 다음에는 목표 달성을 위한 구체적인 실천 계획을 세운다. 마지막으로 즉시 실천하면 된다. 이때 가장 중요한 것은 실천을 미루지 않는 것이다.

이 책에서 강력 추천하는 7가지 자기주도학습 실천 원리

● 원리 1. 꿈을 좇아라

공부는 나의 꿈을 이루기 위한 과정이다. 꿈이 있으면 공부를 하지 말라고 해도 공부를 하고, 꿈이 없으면 아무리 공부를 하라고 해도 하지 않는다. 하버드 대학의 조사 결과, 꿈을 가진 3%만이 대학 졸업 후에 활기차고 멋진 생활을 하고 있었다. 꿈에는 놀라운 힘이 있다.

● 원리 2. 시간을 지배하라

먼저 성적이나 진학하고 싶은 학교, 더 멀리는 미래의 직업이나 삶의 목적과도 연계하여 목표 설정을 해야 한다. 목표가 뚜렷해졌으면 그 목표를 성취하기 위한 계획표를 작성한다. 매일 해야 할 일 중에서 우선순위를 정해놓고 시간 관리를 하면 시간 낭비를 막을 수 있다.

● 원리 3. 습관을 만들어라

공부 습관 들이기의 중요한 요소는 바로 시간 관리이다. 스스로 시간을 배분하여 할 일을 실천하다 보면 시간 관리와 조절 능력을 몸에 익힐 수 있다. 시간 관리법의 핵심은 '매일 일정한 시간에, 일정한 장소에서, 일정한 학습량을 규칙적으로 공부하는 것'이다.

● 원리 4. 질문을 던져라

공부를 할 때는 반드시 '왜'라는 질문을 스스로 하면서 공부를 해야 한다. '왜'를 생각하며, 공부하는 것은 처음에는 더 많은 시간이 필요하지만, 나중에는 엄청난 시간을 절약해준다. 그리고 원하는 성과를 얻게 된다.

● 원리 5. 예·복습을 하라

모든 수업의 기본은 예습이다. 특히 이해가 안 되는 과목일수록 예습을 하는 것이 중요하다. 공부한 내용을 잊어버리지 않게 하는 것이 바로 복습이다. 수업 후 즉석에서, 하루가 가기 전에 복습을 하면 머릿속에 깊이 저장된다.

● 원리 6. 핵심을 정리하라

수업 목표에 도달했느냐 못했느냐가 시험에 중요한 요소이다. 그 수업 목표가 바로 핵심이다. 특정 단원을 공부하고 그 핵심만 따로 추릴 수 없다면 공부를 잘못한 것이다. 핵심만 별도의 노트에 정리하는 것도 좋은 방법이다.

● 원리 7. 책을 읽어라

자기 주도적인 학습 능력을 기르는 데는 독서보다 더 확실한 방법은 없다. 공부를 한다는 것, 정보를 수집한다는 것은 책을 읽는 행위를 빼놓고는 상상할 수 없기 때문이다.

'21일' 동안 도전해 보자

"1%의 가능성만 있어도 불가능에 도전한다."는 고 박영석 대장의 말이 큰 울림으로 다가온다. 세상의 주인은 따로 없고, 도전하는 자가 세상의 주인이다. 끊임없이 도전하자. 그리고 꿈을 이루자. 작심 21일이 나의 운명을 바꾼다. 여러분은 분명히 그 효과에 놀라게 될 것이다. 지금 당장 작은 계획부터 실천해 보자. 작은 산을 자주 오르다 보면 어느덧 높은 산에 올라 있는 자신을 발견할 수 있을 것이다.

"한국의 젊은이들이여! 상상을 초월할 정도의 과감한 꿈을 꿔라! 정철희 교수가 제안하는 '무엇이든 습관으로 만들어주는 21일 법칙'을 학습에 적용한다면 누구나 학습 성과를 극대화할 수 있다."

_하버드 대학교, 로버트 하그로브 교수

공부스타 21명이 밝힌 '자기주도학습의 비밀 21'에서 제안하는 자기주도 학습 전략들을 한 번에 한 가지씩 21일간의 도전으로 꾸준히 실천해 나간다면, 누구나 큰 꿈을 이룰 수 있을 것이다. 21일 법칙을 시도해 본다면 분명 기적의 주인공이 될 수 있다.

BE THE MIRACLE! 스스로 기적이 되어라!

지은이 정철희

공부스타 21명이 밝힌 자기주도학습의 비밀

공부가 되는 공부